港式臺派

異地家鄉的生活文化漫遊

吳心橋、劉亦修——著

好評同撐

「兩名作者以香港之眼觀察兩地的文化差異與類同，同屬華文世界的香港與臺灣，雖只海峽之隔，走過的歷史軌跡卻截然不同，也因而塑造了兩地迥異的生活經驗。」

李雨夢（《島嶼．浮城》作者）

「當年在臺灣讀書，我度過了人生中精彩又快樂的四年，但一直以來，我感覺港澳跟臺灣總是這麼近那麼遠，似乎熟悉但有時又陌生。這本書從水果講到垃圾，從泡麵講到廁所，兩個香港人寫臺灣生活，看似瑣碎，卻滿是情感溫度、社會觀察與文化思考，也拉近了臺港的距離。」

李展鵬（學者，《隱形澳門》作者）

「由一個名詞出發，既有廣東話，也有國語、臺語，心橋和亦修是不從流俗的港臺文化嚮導，訴說關於小鳥、水果、垃圾、廁所、劏房的文化差異、生活趣味，更難得是公共與私密的視野交會，《港式臺派》披露的是兩塊年青真摯的心田。」

林三維（《白漬》、《月相》作者）

「讀著氣味繁複、聲景紛雜的文字，很難不想念嘈嚷的香港街頭，同時照見遺忘的臺灣市井。都很亂，很 cult。一種只有自由、只有自由造成的混亂，才給得起的溫暖。」

林安狗（犬吉工作室INUKICHIBOOKS創辦人）

「香港和臺灣的距離有多遠？我曾經以為是數字上的七百公里。這回，我用眼睛坐上亦修和心橋用文字造的車，他們載著我在生活中旅行、在旅行中生活，時而在食物的路口轉彎，時而在文化的巷弄停駐，原來港臺間有路，一條叫日常的公路，原來我們以為的習以為常是他鄉的 never try before！」

TED廖永勛（流浪主廚）

「海峽相隔的兩地，雖猶如希區考克的後窗，不但窺視著鄰居的生活，甚至目睹了驚悚的變革。本書以輕鬆日常的生活經驗，帶給讀者深刻的文化觀察，值得細細咀嚼玩味。」

潘信榮（9floor 玖樓共同創辦人）

「這本書相當有意思，兩位香港出身的作者觀察臺灣的語言以及傳統文化，讓我又感動又窩心，也讓我這個臺灣人了解更多自己也不太清楚的臺語深奧之處。雖然我會臺語，但是也未必全能明白，畢竟以前在祖父祖母的年代，閩南語曾受國民黨政府打壓，人民被禁止講臺語，講了會罰錢還有掛『狗牌』，所以年輕人這一代有些人已經完全不會講了，真的很可惜。很開心見到心橋和亦修身為香港人仍鑽研臺灣文化，真的很有心！」

爵爵&貓叔（插畫家）

推薦序

記我們的臺港生活

本書記兩位年青作者的臺港生活，字裡行間滲透出獨特的日常味道。書中從食物和日常生活用品談起，舉重若輕，引伸到人際關係、土地運用及身分認同等重要文化議題。臺灣是近年不少香港年青人夢想移居的地方，自有其魅力所在。我少年時代對臺灣的印象，除了林青霞和林鳳嬌式愛情電影之外，可說是來自「臺灣民生物產公司」。那個年代的香港，國內產品在大小「國貨公司」有售，寶島貨物則主要在「民生物產」。小時我家附近有一間「民生物產」，但我更愛尖沙咀東英大廈的總店，和家人坐巴士到那兒買鳳梨乾和芭樂乾，對我來說已是生活中的一件大事。鳳梨和芭樂最初對我來說很陌生，吃過後方知其實就是香港人說的菠蘿和番石榴。語言文化多元並濟，味道記憶卻始終如一。

「民生物產」早已關門，東英大廈亦被拆卸重建為大型商場 The One，但鳳梨乾和芭樂乾的味道我卻記得很清楚。味道是很奇妙的東西，總有一種難以言喻的感覺。以味論詩是傳統中國文藝批評其中一個重要美學範疇，如劉勰《文心雕龍．神思》便有典出《呂氏春秋．本味》的「伊摯不能言鼎」說。烹飪之道妙不可言，就連廚神伊尹也要歎道：「鼎中之變，精妙微纖，口弗能言，志不能喻。」本書提到的食物雖然未能全部親嚐，但作者細膩的文化側寫卻勾起那些無法言喻的味道，也喚回一些以為早已消逝的生活記憶。兩位作者各有專精，文字、視覺、聲音、味道跨媒介地凝融書中，效果就如錢鍾書所言的通感：「在日常經驗裡，視覺、聽覺、觸覺、嗅覺、味覺往往可以彼此打通或交通……顏色似乎會有溫度，聲音似乎會有形象，冷暖似乎會有重量，氣味似乎會有鋒芒。」書中食物打通不同感官領域，讓讀者細嚐生活的溫度和重量。

本書以文化漫遊為題，也叫我記起以甜品「沙巴翁」作為城市隱喻的《沙巴翁的城市漫遊》（香港：紅出版，二〇〇五）。《沙》書以嚴肅評論混雜嬉笑怒罵，不同章節又巧妙地以「延伸閱讀」作超連結，跨越感官媒介，指涉電影、流行音樂、文學作品以至城市空間。本書兩位年青作者的文化絮語，讓讀者在城市漫遊中品嚐日常生活，靈感可能來自突破傳統體裁的《戀人絮語》（Fragments d'un discours amoureux）。羅蘭巴特（Roland Barthes）認為，愛情「只能是一番感受，幾段思緒，諸般情境」，其實生活又何嘗不是？書中絮語或許剪不斷理還亂，卻鮮活地呈現出日常生活中的生活日常。「日常」叫人聯想到海德格（Martin Heidegger）、盧卡奇（Georg Lukács）以至列斐伏爾（Henri Lefebvre）所說的「日常狀態」（everydayness）。列斐伏爾重視日常生活的空間創造，笛雪透（Michel de Certeau）更進一步强調在日常生活實踐運用對策（tactics）創造我們自己的空間。

臺港處境類似，生活經驗同中有異，社會問題則一樣繁多，兩地年青人都覺前路茫茫。日常空間雖然有限，生活實踐尚有不同可能性。從食物到生活，本書正是一次精彩的日常實踐。

朱耀偉（香港大學現代語言及文化學院教授、香港研究課程總監）

二〇一九年深秋識於香港

軟殼硬核，抒情考證

《港式臺派》從日常出發，用身體不斷與臺灣相遇。心橋在序中提到，許多人聽到他們要談日常，都顯得相當驚訝，她猜測是由於日常常被認為過於「平凡」。然而所謂的日常，往往是由許多約定俗成的文化習慣，或甚至傳統堆疊而成。也許我們都沒想過，日常，也是被發明出來的。高夫曼告訴我們日常生活如何被「表演」，列斐伏爾則更批判地說日常是「被剩餘的」，而這樣的剩餘化本身就是一個很重要的問題。《港式臺派》或許並非如社會學家這麼嚴肅看待日常，但是兩位作者的確在港臺兩地的文化對照中，發掘出一條港臺間互通有無的道路。

事實上，港臺間的交流，很早就開始。

已故的日籍臺裔實業家邱永漢，在他一九五五年的直木賞小說《香港》這麼說香港：「眾所周知，香港這個地方沒有國民黨，也沒有共產黨。其實這個鑽石山也有國民黨的敗戰將官住在一起，但大家都是沒有差別的難民罷了。」因參與臺獨運動，邱永漢被迫逃亡至香港避風頭，《香港》是他的半自傳小說。香港曾經是這樣一個地方，因為英殖的特殊管理而成為流亡者的避難地。在兩岸尚未開放時，香港也曾是臺灣、中國之間信件往來的轉驛站。因為香港，才讓各種政治、文學、情感的轉圜，有了餘地。

再後來，臺灣因香港的改變成為許多港人的避風港。《五億探長雷洛傳》最後雷洛因廉政公署的設立被迫輾轉潛逃臺灣，《甜蜜蜜》中曾志偉飾演的黑社會大哥歐陽豹，也跳上小船偷渡臺灣，《賭神2》高進一行人則直接從臺南違法上岸，這是電影，然而現實的確是電影參照的範例。被電影改名為雷洛的五億探長呂樂、曾志偉父親曾啟榮等，都曾因司法因素潛逃臺灣避難。最近則更有銅鑼灣書店老闆林榮基移居臺灣並重啟書店。曾幾何時，臺港互為支援的身分因執法機構與法例的設立（或未設立），巧妙地轉換了。更遑論這幾年出現了「今日香港，明日臺灣」這種命運共同體的表述。

《港式臺派》並未直接探討這些所謂硬性話題，然而他們從食物、旅行、回憶出發的軟性抒情，卻時刻透露兩位作者對港臺兩地的深切關懷。軟軟的，也可以很硬。語言作為一個民族的文明發展核心，便是《港式臺派》以軟性外殼包裝起最硬核的那一塊。

心橋的比較文學訓練與翻譯工作，使得她對語言的起源、翻譯與轉譯特別敏感。她透過語言與文化的差異直破「同文同種」的同一化迷思：「其實臺港之間需要的文化溝通，裡頭就是一種轉譯過程。即使同用繁體漢字，兩地對事物的理解又或是歷史體驗都有不同之處。誰說同是華語世界就不用翻譯？我們不但有不同的地理資源，亦有不同的本地話，民間流傳著不同的故事。華人社會是個多元世界。」而〈刺激想像的美麗果〉更是追溯百香果名稱源頭，把流失的歷史找回來：「知道了這段背景，再看熱情果，便覺它不只是香，在某種文化裡，居然還有一層苦的意味。它帶給人的想像可以是熱情與享樂，也可以是苦難與犧牲。」原來百香與熱情，都是轉譯的誤解，而港臺的關係，在誤會上竟也永結同心？！

研究臺灣音樂、閩南語音的亦修則在意聲音與意義之間展現的權力。無論是他在〈擦不走的知識痕跡〉的意外發現：「平常我們說『洗衣機』、『吹風機』等機器，都直接會以『功能』加上『機』來稱呼機器，但『板擦機』則不是取自其功能性，而是以它服務的對象，要讓板擦變得漂漂亮亮。看來大家對板擦滿尊敬的，給它女王般的享受。」或者是他直球扔出質疑：「在現代社會文化交流中，到底要說什麼樣的話，操什麼樣的口音，大家才覺得是『對』的呢？」都在探究聲音、語言與意義背後隱藏的知識建構與權力系統。

《港式臺派》的抒情考證，不禁讓我想起西西寫於一九九七的詩作〈這個星期日的下午〉：

多麼好，下雨了
空氣污染的指數，下降到三十五度
帶一把傘，一部隨我行，上街散步
一路上聽杜步西
再聽一點點柴可夫斯基

理工大學校門外馬路中間
長了一棵石榴樹，可不浪漫，轉個彎
就是歷史博物館新館

《港式臺派》在這艱難的時刻出現，無疑是港臺文化轉角那座歷史的新館。它見證港臺文化的交會，也期待愈加寬容的未來。事實上，《港式臺派》更是隱含著滿懷祝福，期待不久香港人也能擁有屬於自己的星期日下午，而非拿著不反對通知書上街走路。

翁智琦（政治大學臺灣文學所博士候選人，臺港文學研究者）

作者序

我們珍惜的臺港日常

要數寫這本書的起源，有點不知該從何說起。具體的寫作動力，應該是當初實驗性地去一家臺南的共同工作室報到，嘗試一邊工作一邊到處探索而來。臺南給了我平靜休息的空間，同時，工作室也有很多從事創意工作的伙伴，持續給我的思考帶來衝擊。我亦在當地看到不少獨立創作和出版物對臺灣本地的歷史有深而好奇的發掘。這些通通都令我異常感動。比起在臺北，在臺南會聽到更多的同溫層講臺語，因而大大加深了我對臺灣的認識。漸漸地，我開始想自己是否也可以為喜歡的地方寫些什麼來。

早在去臺南以前，我在香港就因為緣份而認識了好幾位居於臺北的臺灣朋友。有好幾年的時間，我常穿梭於香港和臺北之間，累積了不少關於生活的小故事和感覺。我一去再去臺灣，因為相對於香港本地，臺灣的空間與寧靜非常吸引我。每次在臺北，我通常都會跟同是來自香港的好友亦修相聚。後來開始認識臺南，更覺得有許多臺港兩地的事情可以分享，那就成為了我跟亦修每次見面暢所欲言的話題。終於有一天，我們發覺閒談的主題好像都值得用心寫下來，既然不太知道有什麼框架或類型可以參考，不如就試試單純以日常生活用詞為題，從臺港兩地三種語言出發，把我們的體驗和心得寫出來吧。書的雛形，漸漸是那樣形成的。

「日常」是一個很玄妙的主題。不少人聽到我們寫日常，都會疑惑有什麼好寫的呢？但其實這種假設，偏偏令我們忽略了許多生活裡值得探討的細節。舉個宏觀的例子，可能已有不少人意識到，臺港兩地一直有著緊密的人際網絡。我常遇見臺灣人在談那個誰剛搬到香港住或去結婚成家了；而在彼岸的香港，也時常聽到香港人移居臺灣過生活的事情。而且，也常見到兩地的人到訪彼此的展覽和大型活動。臺港之間的密切接觸似是家喻戶曉的事，但即使雙方不難接觸到彼此的生活，坊間對兩地生活較仔細的文字探討，卻好像不是那麼容易找到，或許正正因為大家傾向覺得話題過於平庸的關係。

記得自己剛認識臺灣的時候，總是對香港跟臺灣的差異感到訝異，因為我當初抱著這樣的假設：臺港兩地都是華人，同樣都用繁體字，吃的用的應該大家都懂，想必很多方面都相似，沒什麼特別值得述說的事情。然而，隨著在臺灣的生活經驗漸增，便發現這種假設有不少值得商榷之處。或許在港臺人也會有類似的領悟。專職寫作和翻譯的我更漸漸覺得，其實臺港之間需要的文化溝通，裡頭就是一種轉譯過程。即使同用繁體漢字，兩地對事物的理解又或是歷史體驗都有不同之處。誰說同是華語世界就不用翻譯？我們不但有不同的地理資源，亦有不同的本地話，民間流傳著不同的故事。華人社會是個多元世界。

不過，我起初雖常常訝異於臺港兩地相異的地方，後來卻漸漸感慨兩地相似之處。有時候，臺北會讓我想起以前的香港。例如等捷運時排隊，地上的劃線必須遵守這回事，會令我不其然對香港生起濃濃的懷舊情意。這種情況會令我想，假如臺灣面對類似香港的景況，也會漸漸變得像香港一樣嗎？如果是那樣的話，便更顯香港的故事對臺灣的參考價值。

身邊的朋友看我常常臺港兩邊走，不少會笑說臺灣是我的「第二個家」。我其實從來沒說過覺得臺灣是我的家。但「家」的定義是什麼呢？還記得大學時期在美國當交換生時，上電影課探討王家衛的《東邪西毒》，對歐陽峰在電影裡的一番話特別印象深刻。他說，很多人看見眼前有一座山便會想知道山後是什麼，但可能走到山後便會發現那裡並沒什麼特別。回望之前身處的地方，可能會覺得以前那邊還更好。我想，家對我來說，可能就是這種在遊歷和反思過後，認為可回返的地方。每一個人都有誕生地，但不是每一個人都有歸宿。

現代科技發達，流動普及化，一方面，我們比以前的人有較多機會長駐外地工作或旅居，有多於一個「家」的可能性實在不小。另一方面，有些地方因為政治的關係變化迅速，所謂的「家鄉」可能也一直在變。所以今時今日，「家」的定義可能前所未有地浮動。有些人可能有數個家，有些人可能已很久沒有家。我想，有認為可回的地方，就是一種福氣。臺港兩地於我同樣有異地的挑戰，亦有歸屬的溫暖，而我希望兩地可愛獨特的地方都得以保存，兩地都可繼續成為大家可回的地方。

二〇一九年對香港人來說是痛苦、漫長的一年。不過，當示威和爭議把日常的定律打破了，輿論便開始探討更多切實的生活議題。這本書大多數的文章其實都在今年香港動蕩發生前完成，所以談論社會事件的部分不多。但我們描寫的都是兩地生活的現實，期望藉此把珍惜的、認為可以多商議的塊面呈現出來。我相信，生活經驗是人與人之間最真切的連繫。

最後，必須感謝出版社，感謝總編輯和團隊對我們的信心和耐心，讓內容最終可以得體地結集成書。非常感激亦修與我踏上這次創作旅程，一路並肩走到今天。感謝每一位與我們熱情地討論及提供資料的朋友。我亦要感謝香港大學香港研究課程總監朱耀偉教授，他在早期看過我們的初稿時已衷心支持，給了我們很大的鼓勵。感謝每一位讓我生活更精彩豐富的人。你們也許會在書中的故事發現自己的回憶。沒有你們，我不會有這些經歷，也就不會有這些故事。

心橋

十月三十日　寫於香港

目次

本書每章開頭之關鍵詞與拼音，以國語－廣東話－臺語順序呈現。

來自植物界地霸的啟蒙

bā lè
芭樂
faan1 sek6 lau4
番石榴
菝仔
puát-á

心橋

在我人生的首二十多年，對臺灣的認識可謂相當皮毛，要數的話，僅限於一般旅遊地區，而且還是旅遊團安排的典型景點。但臺灣這島似乎就像命運一樣擺脫不掉。小時要跟父母去，接著是中學時期跟阿嬷一整家人去，然後是大學畢業後加入的首家公司為答謝員工的旅遊……臺灣之於香港，畢竟算是對男女老幼都很相宜的外遊選擇。不但距離不遠，而且也用繁體漢字。料理方面更是可滿足不同年齡層的胃口：老人家可吃中華料理和各種臺式小炒；愛吃日本料理的港人，在這裡能輕易找到更實惠的選擇；而各式咖啡廳、甜點、火鍋等，給年青人的享受亦多不勝數。總言之，臺灣無疑是港人團體旅遊的輕鬆之選。

我曾以為，以這種吃喝玩樂的心態遊玩臺灣就足夠。要認識當地更深嗎？反正，以後國語／學好一點就是了。當然，這個「以後」遲遲沒有正式降臨。只是，誰也猜不到，後來讓我認真探問起臺灣生活的，是一些相遇和印象，絕沒有也不需一個所謂「正式」的原因或時點。初成為自由工作者時，恰巧認識了一些臺灣朋友，便開始去臺灣探索。每一次離開時，心裡想看、想體驗的名單總是又增長了一點，於是又趕快訂下下一次去的時間。我在當地遇見一幕又一幕深印在腦海的場景，無形中竟在心裡累積成越發深廣的湖，沉靜地躺著。我期待這個湖得以日漸完整而昇華，但卻缺乏表達那些養分的語言。而每逢在臺灣過生活，就好像有更多礦物安分地累積，等待沉澱和表達。雖然可能會漸成一種鬱結，但亦暗藏待受語言解放的興奮。它好像正在形成一股我從未見過的東西，似乎只要有方法整理表達，湖面就會生起一條閃爍燦爛的橋，或通向星河的大道；好像只要取得動力，就可形成滋養萬物的有機環境，湖水可以揮發成雨點，積聚成雲，建立循環，成為一幅生機勃勃的圖畫。當初就是有這麼一段時間，我的心裡如此累積起一個寂靜的湖，待著，也彷彿在沉睡。

一年初夏，我從臺南北上，跟友人亦修相約吃午餐聚舊。當天是平日，午飯時間過後，餐廳就剩下我們，一個研究生、一個自由工作者，在餐後悠然聊天。我們兩個港人就像獨占了餐廳的舞臺，以廣東話暢所欲言，除了互相更新近況，更分享了不少生活小發現。亦修比我更早到臺灣來。他是留學生，而我不過是間中來臺的訪客，只是待久了，開始想擺脫「觀光客」的標籤罷了。那次聚舊，我禁不住跟他坦白自己對於「發現臺灣」的一些小驚嘆。當時我猜想，本身研修臺語文化的他，可能會認為我的發現無足輕重，或甚至覺得我大驚小怪。但由於我覺得自己的驚嘆是出於我香港人的身分，所以可能只有同為香港人的亦修能聽明白。結果，他聽著聽著也很欣然，對比我們在香港的生活時，更是興高采烈。

那次，我到底跟亦修說起什麼驚嘆的事？首先要數我當時剛從臺南得到的體會。

追溯芭樂的語言身世

有一天，在陽光普照的南方下午，我跟當地友人走過一臺芭樂車。車子停靠在公園路邊，一位老伯正緩緩整理小貨車上堆得像山丘的芭樂。友人看我一直觀察這個場景，便說：「啊，伯伯在賣『拔啦』呢。」拔啦？真奇妙。莫非因為我的國語不好，一直把「芭樂」講錯了？正當我打算取笑自己怎麼連這種日常事物都仍然說不好的時候，友人卻解釋，「拔啦」不是國語，是臺語「菝仔」的意思，亦是臺灣人對「芭樂」的常用念法。那時，我才恍然大悟，原來臺灣在地使用的語言不是只有國語一種。

我想，雖然大多數港人都知道有臺語這種語言，可是臺語在臺灣有多常見？在哪裡比較普遍？這些都不是港人一般會關注的問題。我們看到「蚵仔煎」便用國語照著念，「芭樂」也一樣。只看見它們同是漢字，卻沒想過為何與香港人使用的名詞不同。這次芭樂之會，給了我一番震驚。友人並非在造作賣弄，不過是自然而然說出了「菝仔」。我開始想，這種水果到底是先叫「芭樂」，還是臺語所講的「菝仔」？為什麼說國語的臺灣人，有時卻不用國語講「芭樂」？

這個問題在心裡漸變得急切。我亟欲找到正當性來說服自己，或許「菝仔」是很偏門或過時的說法，自己確實沒必要去學臺語叫法。畢竟，學國語已經不容易了，難道還要學別的漢語語言嗎？

說來，其實心情也很糾結。首先，「芭樂」這名詞對香港人來說已經歷了一重翻譯。香港人一般稱這種水果為「番石榴」，意思大概就是外來（番）的石榴品種。中國大陸也叫「番石榴」。港人可能習以為常，也就少去想臺灣對這種水果為何另有專稱。如今，終於知道「芭樂」有與國語發音相近的臺語念法，是真的該趁機去查查看這個名字的來由。

可是，這種名字的來源找起來也不容易。我認為《蚵仔煎的身世：臺灣食物名小考》一書裡的解釋最為詳細。裡面提到「菝仔」這臺語名詞，特別是「菝」這個字，有可能是從歐洲語言而來。沒錯，是歐洲！這下子，可令謎題更添趣味了。書裡說，芭樂的名字在葡萄牙文「goiaba」和西班牙文「guayaba」都以「ba」音作尾，可能就是其臺語名字「菝」的由來。我們一般認為臺語就像廣東話一樣，是比較本土、非國際化的語言；可是，芭樂的背景，居然暗示臺語曾受西方影響？

事實上，別看臺灣今時今日盛產芭樂，就以為它是臺灣的原生植物。它的原產地為中南美洲。我為了尋找這個臺語名字的來源，特地去圖書館查了英國牛津大學出版的食物指南，裡面提到歐洲人最初在海地發現這水果，而當時其海地名字為「guayavu」，西班牙和葡萄牙的航海員後來把這種水果帶到世界各地去。我記起大學上西班牙語課時，學到西班牙和葡萄牙語會把聲母「v」發成像英語聲母的「b」音。如此一來，把水果傳開來的航海員很可能把海地名字尾音的「vu」發成「bu」，並因而演變出以「ba」作尾音的西班牙及葡萄牙名字。這只是我的推測。食物指南又記載道，芭樂在十七世紀便普及於東南亞地帶。當時正值大航海時代，歐洲多國透過航海接觸和占領東南亞各地，臺灣北部於十七世紀也曾被西班牙人占據。所以就像《蚵》書所分析一樣，追溯歷史，臺灣人首次為此外來水果命名時，真的可能受其西班牙名影響，造就了「菝仔」的臺語叫法。

除此以外，如果硬要把「芭」和「樂」用臺語念，發出的音並不是「菝仔」。根據種種線索，大致可推斷是先有「菝仔」的臺語講法，才有「芭樂」這個發音相近的國語名稱。「芭樂」這個名詞，應是根據臺語「菝仔」的念法音譯而成的國語名詞。

這就像香港以前會把日常用語寫成較正式的書面語，例如「的士」（Taxi）和「窩夫」（Waffle）。在臺灣也有相似的口語影響書寫的情況，「芭樂」就是一例。有了背景脈絡，便忽然覺得學臺語叫法也不是那麼艱深的一回事，還覺得「菝仔」好像比「芭樂」更順口了。同時，似乎也明白了為何不少臺灣人會講「菝仔」，而不一定用國語念「芭樂」。畢竟，後者是硬譯出來的書面語。

某程度上，聽一個人怎樣叫這水果，就可得知對方是什麼樣背景的臺灣人。

一聲稱呼的背後故事

這件事，屬於我對臺灣的驚訝發現。單單嘗試理解一個當地名詞，就發掘到一點關於當地語言、生活以至社會歷史的故事，裡頭反映的多元世界，教人驚嘆。我想起香港的一些獨特名詞也能勾起當地的生活事跡，原來在臺灣也一樣有。而且，裡頭的多元與複雜細節，似乎比香港有過之而無不及。畢竟，臺灣比香港大得多。

以前糊裡糊塗的，只知道臺灣的臺語是國語以外的本土語，有點像是臺灣本地的「鄉下話」。曾聽說過臺語就等如中國福建的閩南語，但沒有詳細考究。現在才知道，原來一些臺語詞源可能跟廣東話一樣，受到過去殖民者帶來的文化影響。以往臺灣的殖民者，除了日本人外，還有荷蘭人和西班牙人。語言與生活中可能還有更多外來影響，而我還未發現。而到底臺灣的「鄉下」指的是哪裡？是否即鄉郊或較為落後之地？還是純粹指本地人的「家鄉」？如果是後者的話，在今時今日的全球化和資本主義社會，「鄉」則不一定意味著落後，不過是客觀的地理文化根源而已。這些種種，我從前都沒想清楚。除此之外，還要再多考究的，是臺灣的原住民也不止一個族群。臺灣漢人說的臺語在很早以前，就跟當地各種原住民語互相影響、共存，也即是說，有不同語源影響了臺語。同時，臺灣的國語跟臺語又一直微妙地互相影響。在今天的臺灣，臺語不只是特定地區的人所使用的語言，芭樂的案例反映，有些名詞在臺灣普遍都用臺語發音。

跟亦修談起，才驚覺原來這裡的日常潛藏了那麼多讓人了解當地的線索。過去二十多年來，我卻一直以香港主流的旅遊視角去看這地方，只懂得留意吃喝玩樂的地點，結果錯過了各種生活小線索。我發覺，臺灣與香港有些地方很相似，除官方語言外，還有（多於一種）本土語言環繞日常生活。這兩個地方的在地經歷，例如官方語言的合理性、方言使用、公眾場所的多語制度等議題其實有所相似，也許值得互相參考。此外，臺港兩地非但只隔一個海岸，也同是島嶼之地，以航海貿易建立繁榮。兩地在地理上的優劣、維生方式、城市設計等等，皆有可互相取經的面向。雖然臺灣比香港大得多，但兩地人的生活小故事，應該可產生不少共鳴。

在兩地，用談生活的語言談心

發現到兩地有相似又彷彿相連的命運，就有種親切感，我亦找到更多角度去觀察和思考兩地生活。我甚至覺得心裡好像得了一股力量的泉源，發現臺灣的多元性，好像給了身為香港人的我一個自白的切入點。一直以來在心底累積的湖，好像有了溫度和生機，水點開始揮發成雲，建立起生態系統。

活在香港的朋友，不都常常暗自憂愁，如何消除外界看我們那些種種過分簡化的誤解嗎？諸種大眾傳媒的論述，似乎還不足以形容我們實際的生活細節。

每每出現重大的基礎建設或政策爭議時，各種立場之爭所宣示的大標題和口號，都蓋過探討多元小故事的可能。此外，這個城市多年來取得的揚名海外的標籤，像「東方之珠」、「國際大都會」、「飲食之都」、「交通發達的彈丸之地」……這些大名好像在今時今日也流通處處，但真正生活在香港的我們，根本自知那些美譽已過時。今非昔比，我們已漸漸難以這些標籤自傲。可惜，標籤的影響好像也感染了腦袋，限制了表達，導致我們有時想要解釋真正的生活體驗時，卻不知該從何說起了。日常的語言好像離實際生活越來越遠。社會上聽到和談到的，就像諸種口號和標籤一樣，跟我們實際所經歷的，有越來越大的鴻溝。[2] 表達自己變得越來越困難。該怎麼說？踏實而貼切的字詞好像都從日常討論中消失了。

在發現臺灣的旅程裡，我無意中領會，其實日常的多元細節，統統都是認識自己、形容自己的關鍵。我心裡的湖，原來統統都是生活點滴，只因難以與日常的論述連接，欠缺呈現方法，便默默在心裡累積。與亦修談著談著，才發現我們最想討論的，都應該從最基本的日常體驗說起。既然沒有既有的解釋框架，也就直接由描述最平庸的生活開始，期望藉以分享種種似乎難以述說但真實的生活體驗。

畢竟，臺港兩地對某些事物就是有不同的說法，也因地域和生活方式演變出或近或遠的價值觀和文化。假若硬要忽視那些生活細節，並以單一的論述試圖蓋過多元的生活故事，那麼最終可能只會令主流語言無法表達生活的本質。我想，大概是這樣吧。我曾看臺灣作家吳億偉提到，他意外發現自己的著作《芭樂人生》在中國大陸譯作《番石榴人生》，認為「感覺整個故事也不同了」，「『芭樂』也脫胎換骨了」，幽默之餘，更令我覺得，探討日常真正使用的語言和面對的事物，也能發掘出豐富的故事。

話說回來，看過一些關於芭樂的背景，才發現臺灣一年四季都生產，難怪日常可容易找到。這種果樹很好種，能適應多種土壤和氣候，但生長時會搶去土壤裡大量水分，容易排擠其他植物，有可能威脅到當地的生物多樣性。怎麼這種力量聽來，那麼像剛剛提到霸道的單一論述？芭樂可算是植物界的地霸，種植芭樂前的規劃應該不能馬虎。

單單因為遇到芭樂這件事，居然就把我從以前的井底拉出來，讓我突然看到許多一直存在的語言與生活脈絡。也許冥冥之中，我注定要遇上那臺芭樂車，並透過芭樂的暗示，終於啟程去認識臺灣，重新學習表達我一路走來的生活風景。

1 「國語」表示在臺灣所說的標準漢語，亦可稱為「臺灣華語」，以便與北京官話、普通話作區分。臺灣於二〇一八年通過了國家語言發展法，定義「國家語言」為臺灣各固有族群使用的自然語言及臺灣手語。雖然已有此廣泛定義，但臺灣大多仍以「國語」作華語俗稱。相比之下，香港學校所教的標準化北京官話一般稱作「普通話」。

2 這種被主流論述、標籤蒙蔽心眼的體會，可歸納為一種「視而不見」的現象。研究香港文化的學者 Ackbar Abbas 就以「逆向幻覺」(Reverse hallucination) 來形容香港的這種情況，那就如同幻覺的相反，不是看見不存在的東西，而是明明事物擺在眼前，但人們彷彿看不見，只繼續被陳腔濫調、主流大標籤等意識形態主導所思所行。詳情請見 Ackbar Abbas 的著作：Hong Kong: Culture and the Politics of Disappearance, Hong Kong: Hong Kong University Press, 1997。

帶著鳳梨去旅行

fèng lí
鳳梨

bo1 lo4
菠蘿

王梨
ông-lâi

亦修

小時候看宮崎駿《歲月的童話》（臺譯：兒時的點點滴滴），記得主角一家人曾經買了「果王」回家吃。一開始大家都不知道怎麼切開這種第一次見的熱帶水果，直到姊姊終於從外面學到了切法。大家在咬下去那一刻，雀躍的心情立刻被酸酸甜甜的味道衝擊，一時間心裡面的OS都是：「好像不怎麼樣嘛！」這個「果王」就是我們熟悉的鳳梨或菠蘿。我看到電影中的場景，心中冒出兩個想法：第一個是，鳳梨那刺刺的口感，不沾鹽水吃當然不好吃啊！第二個是，不知不同國家對鳳梨有著什麼樣的異國想像？

記得我十六歲第一次來臺灣旅遊的時候，抱著要去哪裡拍照、去哪裡吃沒吃過的東西、去哪裡買香港沒得買的東西的心態，濃縮地以五天時間把臺北可以去的地方都去了。當時在夜市看著水果攤賣著各式各樣水果，鳳梨就擺在那，我對它完全沒有感覺，也沒有想過鳳梨會對我人生有什麼重要的文化見證與意義。而且，旅行結束回到香港只發現，行李箱中的伴手禮總有一天會過期，相機中的照片也不知丟到哪去，回憶只能依稀停靠在腦袋對食物味道的堅持。鳳梨，好像也不記得是什麼味道。

直到下定決心來臺北念研究所，開始在臺北生活，慢慢跳脫旅行者的角度，成為生活在這個空間的「在地」人，不逛夜市，反而多去了全聯買洗衣精；不買伴手禮，反而多買了一大堆蚵仔煎洋芋片。再次看到鳳梨時才想起，從前我們是見過面的，只是我沒有鳳梨的專屬翻譯，所以沒有跟它相認。那一刻，感覺到從叫菠蘿變成叫鳳梨的語言轉折與心情，正視自己的每天行程，才慢慢知道什麼是從心裡感受臺灣，並開始對這裡充滿情感上的好奇，這是以前匆匆旅行沒辦法體會的心情。

鳳梨的前世今生

東南亞盛產各式各樣的熱帶水果，但我們好像都不曾懷疑這些水果是否真的「出生」於東南亞呢。鳳梨、芭樂、釋迦等等水果其實原本在南美洲生長，在哥倫布航海時期被歐洲人發現。一四九三年，哥倫布於南美洲發現「鳳梨」這熱帶水果，帶回去獻給西班牙王。同航的葡萄牙水手更經常以鳳梨與巴西人交易，所以這黃黃刺刺的水果較早的名稱為ananas，意為「極好的水果」，為巴西原住民的語言[1]。我們較常聽到的pineapple源自西班牙語，因其外貌與松果（piña）相似而命名。其後於十六、十七世紀，鳳梨慢慢傳入印度、中國與其他太平洋地區。在亞洲生活的我們，吃到的熱帶水果大致為本地種植，或由鄰近國家出口，已經成為了重要的農產品。

說到這就了解鳳梨去過的地方保證比不少人都多了吧！一個浪人到別人地盤，報上名堂是首要事情。鳳梨這傢伙也帶著各式各樣的名字來到亞洲。舉例說，馬來語稱其為 nanas，印尼不同方言則有 ananas、nanas 與 nenas 等名稱，可見與其原產地名字 ananas 相關。而菲律賓各方言稱其為 ananas，有些則稱為 pinya，或許與西班牙殖民時期的語言傳輸有關。這些名稱雖各有差異，但字詞根源都來自 ananas 或 piña。那「菠蘿」與「鳳梨」又是怎樣來的？

廣東話稱 ananas 為「菠蘿」，大概可以聯想到佛教中的「波羅密」，意為「到彼岸」，但實際名稱由來則各有說法，有的說與另一種水果波羅蜜有關，有的則說因菠蘿的外形與佛祖的頭部髮髻相似而來。若是從印度宗教而來的，大概可以猜想廣東人是從印度得知此水果的存在。後來就在「波羅」兩字加上草字頭，寫成俗字「菠蘿」。而於臺灣、福建與東南亞地區等地稱為「鳳梨」，有說法是其外貌似「鳳尾」，曾被稱作「鳳來」，只是這些由來在現代人來看都覺得不可思議。反而是比較務實的說法更能說服人，像閩南人因水果的顏色與體積，以閩南語稱為「黃梨」、「王梨」等名字，「王梨」與「旺來」的閩南語（ông-lâi）有諧音關係，代表福氣與好運。在新加坡與馬來西亞等地，新年時節都可以看到鳳梨貌的紅色與黃色燈籠，象徵好意頭（吉祥）。

除了作為新鮮水果食用外，此種熱帶水果也成為不少家常菜的材料。香港人當然對加了菠蘿的咕嚕肉不陌生，那種酸甜搭配的味道也是中餐的經典。小時候一定在學校「大食會」吃過無數的菠蘿腸仔，也一定在茶記吃過菠蘿炒飯。另外在臺灣，就算不是臺灣人也一定知道伴手禮大哥大鳳梨酥，懂吃鳳梨酥的人可能會追求土鳳梨酥中的酸度。大家也一定喝過台啤的鳳梨啤酒，也常在臺菜料理中看到鳳梨雞湯的身影。**Ananas** 影響著我們的生活習慣，但卻非每個人都知道它原來是熱帶水果，要考證過才知道它越過了多少地方才來到我們的唇邊，真的是得來不易啊！

從旅人到住人

比對「鳳梨」與「芭樂」名稱的由來，「芭樂」比較是從各歐洲語言的聲音而來，但「鳳梨」卻比較與文化轉譯有關，從日常生活中的宗教、顏色、外形等聯想得到靈感，就像我們幫新生嬰兒取名字，除了與宗教與日常文化有關外，也把對小孩子成長的期盼與聯想具體地化為文字。古人看到新水果，或許是把它們當成小嬰兒在命名吧！

一種水果載著一段異國旅行的故事。鳳梨就像是一個到處流浪、旅行的個體，到了各處地方，被取了不同的名字，這位「旅客」亦十分著重與當地的對話，不只去參觀當地不同的地方文明，自身也成為本土文化重要的一部分。這種被認識與主動認識的雙向情感，對於人類來說，簡直是前衛到極致。我們去旅行的目的是什麼？回想一下我們旅行的目的，或許比較注意外在、物質的享受，像是到名勝地標打卡、拍網美照，去吃當地特色美食，去買名產、伴手禮等等。至於心理層次與思想層次上的享受，融入所謂的「本地」生活，需要經過久一點的停留才有辦法體會。

如果我們都是一顆顆鳳梨，取名字的過程就好比旅人來到陌生的國度，接受當地文化對我們的衝擊。初來報到時，我們彷彿不屬於這個世界，只是過客。但慢慢地我們若想更進一步了解這個地方，需要更多的生活經驗，更多的文化背景，更多的交流與比較。我便是抱著這樣的心態來到臺灣，不只是菠蘿與鳳梨的對話，更多了一份旺來的熱情。我堅信無論帶著什麼目的來到陌生的地方，「生活」是必不可缺的。在臺灣常常有人問我在臺北做什麼，我有很多選擇可以說明，我既念書，也工作，又可以說我生活了很久，亦可以說我旅居在這，其實生活有很多說法，但更重要的是，你跟地方的交流，是「菠蘿」式，還是已經變成「旺來」式了呢？

旅行，在資訊發達的網路時代到底有什麼意義？或許是一個更大的世界想像，是用各種語言感受生活。當代社會中的個體都變得更自由、不受空間與時間的約束，旅行不只是名詞，更是動詞，歡迎大家來了解鳳梨與菠蘿的差異，來為自己創作一種特別的水果故事。參照歷史上人類用不同的觀點，來為這個外形凹凹凸凸的水果命名。語言不同，看世界的角度也不同。一顆水果，十幾種名稱來源，去過幾百個地方，數不盡的生活用途，講不完的歷險故事。下次去旅行時，不妨拿著水果到處問別人「這叫什麼」，或許比買當地民族飾品更有意義。

Davidson, Alan. *The Oxford Companion to Food.* 2nd Ed., London: Oxford University Press, 2006. p608.

PART I

都市光影

刺激想像的美麗果

心橋

在香港的時候，總會定期去阿嬤家吃飯。阿嬤知道子女孫兒要來，定必會多買些菜，煮一大鍋老火湯（煲湯），準備豐富的晚餐來歡迎我們。我的工作比較彈性，因此有時日子方便的話，就會突發去探望她。那樣的話，通常便有機會看到她平常跟爺爺吃的是什麼家常菜。

有一次，恰巧吃到她用自己種的薄荷葉做的炒蛋。這道菜雖然簡單，卻很香，令人心滿意足。飯後，我說要看看她的薄荷葉盆栽，才發現她的盆子裡一共長了三株薄荷葉，所以每株葉子都很小。我問她要不要分盆，好讓葉子長大一點，她卻說不用，葉子那樣小小的也有好處，細片的葉子量很多，符合她的煮食習慣。

栽種的哲思

我想起以前與室友合租的家，那時在天台種的薄荷葉，一片葉至少要比阿嬤種的大八倍有多。摘下數片來泡茶的話，可供數個人一起喝上幾個小時。香草類的東西特別好種。還記得有一次羅勒收成很多，我就拿一些來做沙拉，搭配炒馬鈴薯（就是廣東話講的「薯仔沙律」），跟室友外遊時野餐共享。前幾天有人跟我說，寵物是為了彌補現代人不懂建立關係的缺失。我想，種植可能也算是一種彌補，但種植是自給自足的行為，更似是一種告解和治療。

為什麼？因為種植講求在還未得到成果以前，先要有信念而且持久地付出，並且要憑每一步的觀察與照料，逐漸孕育成果。與以前地方貧窮，種植是為避免饑餓不同，現代人在市區環境種植，較似一種業餘嗜好，或額外對食材品質的追求。那是「額外」或「業餘」的，因為這種種植行為，存在於流行速食的消費文化以外。現代人用手機按幾下就可有食物送到門前，連現金也不用了，卻在這時選擇找泥土，選種子，孕育一株植物。於我看來，名符其實是一種回到根本的探問。

現代社會好像已經容不下人停下來觀察。可是，假若沒有觀察，又怎樣正確地期待成果？社會爭分奪秒地高速運行，都市人還未可以理解清楚時，便要埋頭苦幹跟上人家的要求，一直提交功課。當我們還未可準確分析社會事情裡千絲萬縷的關係時，回家面對植物，從最簡單純粹的扶育開始，重新觀察生命力的起源、種種反應，以及生命與環境萬物的互動，就成為了一種無聲的思考治療。種植彷彿可以彌補人際關係和社會帶來的挫敗感。那亦彷似在說，與其無力地對他人失望，不如首先親自建造一種美好。只要堅持，再微弱的幼苗也有機會慢慢地茁壯成長。而且，與你有同樣信念的人漸漸也會樂意加入栽種。

沒錯。真正可持續的種植行為，尤其在都市，必然是群體活動。一來，個人維生的日程裡一般難以獨力承擔種植的每個步驟，亦難以全天候監察種植環境。二來，亦因為一旦好好種起來，你就會知道，通常種出來的食物都多於一個人可吃的份量。（這也想必是為什麼，阿嬤寧願只用一個小盆，擠著幾株薄荷葉來種。）為免浪費食物，還是分甘同味比較好。你可能會想，怎麼像我這樣的一個都市女子，在香港寸金尺土、人人各自忙維生的地方，居然會有群體種植的體驗呢？說來也覺得有點天方夜譚。那其實是源於以前跟室友住在唐樓[1]頂層的時候，室友把天台變成有機農場，自發與朋友種起各類植物來，我有時會幫一點忙。而我一直認為，室友在那裡建議種下的植物之中，最了不起的就是「熱情果」。

熱情驚人的果實

「熱情果」等如臺灣的「百香果」。臺港兩地對水果名稱有多種不同叫法，當中，我猜香港人對「百香果」會特別深刻，原因是這個名字很好理解，就是取英語名字「Passion Fruit」裡的「Passion」，以國語音譯得來。另一原因，有可能是在臺灣比香港較常見這種水果，在便利商店一般也能找到百香果汁，嗜甜的朋友一定特別喜歡。說來，一般水果茶只要加一點點百香果在內，都會立即變得香氣撲鼻。「百香果」這個名字，形容水果香氣滿溢，譯得既美麗又貼切。而香港叫「熱情果」，顯然是英語名字的直接意譯；形容一種水果熱情，我覺得十分可愛。熱情果在香港坊間不常見，可我卻那麼巧種過它。

那次與室友在種植初期，除了取得一些熱情果種子外，更領養了別人於工廠大廈種了一年多、藤已在攀的熱情果盆栽。我們小心翼翼把盆栽從東九龍區搬往西九龍我們的家。由於香港的唐樓都是沒有電梯、一般超過五十年的老舊建築，盆栽到達家樓下後，還要靠眾人之力一層一層移上天台。搬到天台後，再搭起新的小竹棚，溫柔地把藤掛上，讓果樹得以繼續生長。可想而知，那次天台種植，在準備階段已成了一種共同回憶。

那盆移植過來的熱情果樹，後來漸漸成長。每天，由種植小組的不同成員負責打理。在下一個夏天，它居然就結起果來！我首次參與種水果，讚嘆不已，每次澆水都不忘欣賞一番。那年暑假末，我和室友終於摘下一顆成熟的熱情果來吃。把它切開一半，用湯匙吃裡面看似果醬的果肉，即被濃濃的酸甜味「熱情」到了。這水果味道之濃，我認為取兩小匙果肉再加水或氣泡水，便可調成一杯味道剛好的飲料了。香港為這水果取的名字，也果真符合它的風味特性。

其實，這種水果不但果香濃郁，花朵亦美艷驚人。若非親身種植，我也難以相信，長得像小奇異果、呈低調暗紫色的百香果，原來在開花期會高調地生出既燦爛又大朵的紫色花卉，著實是花枝招展。也正因如此，在果實成長時，我確實曾為了花卉凋謝而感到惋惜。

百香果跟芭樂一樣，是原產於南美洲的熱帶水果。也許由於它不論是在外表還是味道都令人印象深刻，傳入臺、港以至亞洲各地時，取得各種富有想像的道地名稱。臺灣用國語叫它「百香果」，那麼坊間是怎麼用臺語叫它？我四處追問朋友，得到好幾種有趣說法。有些人稱它「雞卵果」（**ke/kue-nng-kó**）。「雞卵」是臺語「雞蛋」的意思。水果的形狀像雞蛋，因而得名。有些人會稱這植物為「風車花」（**hong-tshia-hue**），應是源於把花瓣大大、懷著流蘇的花朵聯想成風車的外形；有些人則會採用中國大陸的叫法，直白地叫它「西番蓮」（**se-huan-liân**），即花朵與蓮花相像的西方外來品種。也有些人會叫它「時計果」（sî-kè-kó）、「時錶仔瓜」（sî-pió-á-kue）等名稱，聞說是源自從前的日語叫法，因為從前日本人認為這種植物的花長得像時鐘的面盤，像有三根指針。我在網絡搜尋時，恰巧發現有討論說以色列人和希臘人都叫這植物「時鐘花」。倘若是真的話，那麼這種跨地域、跨文化的共同想像可真教人會心微笑了。

臺灣的「百香」和香港的「熱情」都來自英語「Passion」。那麼，英語世界是否從一開始也覺得這種水果代表著「熱情」呢？大家也許沒想過，以上各種對熱情、香氣、生活物件等想像，實際上跟這水果的原名意義大相逕庭吧？

熱情果的英文名「Passion Fruit」，乃源自其花名「Passion Flower」。追溯詞源，便會發現英語花名是直譯自其拉丁文名字「Passiflora」——這個字前半部分「Passio」，原意其實為「受難」，而非「熱情」。這裡「受難」的意思，是指耶穌基督生前最後一段時期。原來「Passion Flower」之所以得此名字，是源於耶穌會的傳教士認為熱情果花的外貌象徵著耶穌被釘十架的事跡，例如三支花柱象徵著三根釘、花瓣面層密集的流蘇看似荊棘等等，於是為它取名「受難花」，以作傳教之用[2]。

知道了這段背景，再看熱情果，便覺它不只是香，在某種文化裡，居然還有一層苦的意味。它帶給人的想像可以是熱情與享樂，也可以是苦難與犧牲。大抵，從一個文化為這水果取名時聯想到的象徵，我們可看到那些族群視之為重要的意象。不論是務實的描述、詩意的想像，還是信仰的傳揚也好，看來，若要詳細記錄人類對這水果命名引申的意義，那將似一部充滿矛盾的另類電影。

仔細回想，早前芭樂的案例，不是反映臺語詞彙可以從外來文化抽取新添元素嗎？百香果在臺港得到的名字，卻象徵一種翻譯上的意義流失（就似美國電影《愛情，不用翻譯》〔Lost in Translation〕的英文片名一樣）。若要追溯這種流失，到底是由於英語世界對「Passion」一字的理解後來變得世俗化，還是在中譯時早已有所忽略，可能也是個研究課題。無論如何，單是看不同地方對這種水果的多樣命名，就可看出水果的魅力、人類多元的群體以及群體的想像了。

自然的恩餉

從前的種植體驗，讓我得以在都市生活中，放慢步伐去學習孕育是什麼一回事。我漸漸感覺，相比起都市生活中種種充滿偏見的吵鬧，人類本來需要的東西，其實很簡單。自然環境早已給了人類各種身心靈所需。這種領會，後來在臺灣也不時會遇到。我記得一次在澎湖旅遊，一身沙灘裝束的我，因為一直騎車曬著太陽，到了晚上便發現皮膚開始發紅。古厝民宿的主人在電話聽到後，竟慷慨地叫我自己去門前的蘆薈園圃裡，割幾片蘆薈塗抹皮膚。我走到大門旁邊，只見兩旁的蘆薈通通長得又大又胖。我不想對植物造成太大傷害，只打算取一小塊，但也真的不知該選哪一株下手。蹲下來逐一檢查看看，想了又想，最後還是走回古厝裡，找在澎湖當過兵的朋友來幫我決定。我知道，當兵應該跟懂得選蘆薈無關。只是他在澎湖待過一陣子，應該對當地地理較為熟悉，該是更能判斷怎樣下手就是了。那個晚上，我手執蘆薈片子，一邊塗擦皮膚，一邊在心裡感恩和感嘆著，大自然以及澎湖人家對我的照料。

那次在澎湖到達民宿後，就得到民宿朋友招待吃綠豆湯，裡面加的地瓜，也是他們其中的一位阿嬤自家種的。這種與食物簡單純粹的距離，滿是情誼和心思。親身體會東西如何生成，如何孕育，如何建立成果，都是令人感到踏實的做事方法。我因而領會到，食物自給，其實對身心靈健康也很重要。我也很慶幸自己從以前的種植經歷裡有所體會，後來才更懂得感激在臺灣每每遇到的，農人與漁家分享成果的恩惠。

話說回來，假如你種過「熱情果」，便會了解它的奔放其實來得不易。它一點也不易種，特別是在都市環境。我與一眾種植朋友雖然因為種出了熱情果而非常高興，但也在那次種植經驗裡學到，美艷的植物或吸引或排斥，根本對所有生物都產生較強烈的刺激。除了吸引人類的想像和愛慕外，也會吸引破壞果實的果蠅，以及諸種我們難以預料的生物。一旦開始種植，維繫可得花上心思。尤其當種植環境離家很近時，在種如此果香濃郁的植物前，最好先準備對生態和個人也無害的驅蟲和隔離方法。假如成功種植的話，那將會是「熱情」、熱血，感人又療癒的群體回憶。

1 傳統中西合併式樓房，相對於洋樓。

2 Rogers, Jo. *The Encyclopedia of Food and Nutrition*. London : Merehurst, 1990. p.66.

被世界遺棄不可怕

亦修

剛到臺灣生活時，每天買晚餐都覺得內疚。我常常於住家旁邊的日式料理店買親子丼與味噌湯，回到家打開塑膠袋，拿出一個用橡皮筋固定好的方型丼飯紙盒，和一個蓋著塑膠蓋子的圓型味噌湯紙碗、一雙筷子，與一支湯匙。吃完後，打包的廢棄物就會是一個塑膠袋、一個方型紙盒、一個圓型紙盒、一個塑膠蓋子、一雙筷子與一支湯匙，只有那條橡皮筋可以留著用。紙盒與蓋子比較容易回收，但其他的物品很可惜成為了真正「垃圾」。

音樂劃出的時間表

「垃圾」，各地講中文的人可能會有兩種讀音：lè sè 與 lā jī，這是基於不同時代對讀音的標準化而成，在臺灣我聽到的大多會講 lè sè。倒垃圾是臺灣人的日常，一週有五天，週三與週日休息，均可以在傍晚時分到晚上聽到街頭傳來貝多芬的〈給愛麗絲〉，或是另一首著名的鋼琴曲〈少女的祈禱〉的音樂。這時候我通常都一手提著藍色的專用垃圾袋，另一手更忙碌地牽著裝滿回收物的大小袋子，衝到樓下的垃圾車，把藍色垃圾袋扔到運轉中的垃圾車，回收物則交給前面那台回收車，或是給專門收集回收物的阿姨。跟我一起倒垃圾的有在房東家幫忙的印尼籍姐姐、旁邊義美的員工、牛肉麵店的員工，和全家便利商店的員工。他們的垃圾當然比我多得很，放在車將停靠的人行道上，大概有二十幾袋，車子一到大家紛紛湧上，把垃圾熟練地拋上車，不到半分鐘已經完成。整段活動看似沒什麼特別，卻讓我想到小時候在遊戲機鋪有一種拋球遊戲，投入金幣後機器就會吐出五顏六色的塑膠球，目的就是要用球拋向畫面中的人像或是目標物，一直拋，拋不停。

垃圾車的聲音形成一種時間的感知，每天到了某個時間點，聲音會告訴我們要準備倒垃圾了。每個地區的收垃圾時間不一，我家樓下分別有晚上八點半以及九點半。沿著我家那條街，從六點半開始便陸陸續續可以聽到那電子化的古典樂曲。〈給愛麗絲〉與〈少女的祈禱〉出現的頻率也不一，因此有時候可以在同一處，聽到兩首樂曲同時傳入耳朵，彼此在爭吵著誰比較有吸引垃圾的力量。

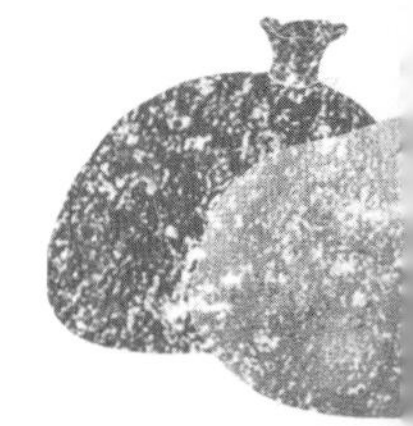

誰來丟、怎麼丟，各鄉各法的差異

關於倒垃圾與資源回收，住在香港的人則沒有此種日常。地少人多，很多人都住在二十幾層高的大樓中，像在臺灣般自己拿垃圾上街倒是不大可能的事，都是由清潔公司的員工幫大家處理垃圾。有一個不太好聽的名字「垃圾婆」

（laap6 saap3 po2），是稱呼幫忙倒垃圾的清潔女工，在港劇裡常聽到，也常指一些較年長的女子。倒垃圾成為一份工作，也常被指稱為低下階層的工種，這在香港是十分普遍的概念。記得早年一部港產片《師奶唔易做》，田蕊妮演的一名貧窮主婦，她的工作就是幫忙倒垃圾的女工。經過家家戶戶，大家都拿出自己不要的東西，跟她說：「垃圾婆，呢盞燈唔要啦，你拎去啦！」（垃圾婆，這盞燈不要了，妳拿去吧！）倒垃圾不是人人的日常，卻是這些工人的日常，也形成社會上某種階段觀念。至於回收，香港政府早年也大力推動，但只限廢紙類、鋁罐與塑膠瓶，後來才慢慢有回收其他種類。香港外賣用的多是「發泡膠」，即保麗龍，早期根本就很少作回收，也不像紙餐盒般比較常回收。香港街頭的垃圾桶超級多，走幾步就有個垃圾桶，但也只擺放一種橘色的普通垃圾桶，並沒有考慮資源回收。香港的垃圾回收確實是做得很差，擁有環保觀念的家庭很少，就算在自家中處理好，也難免大樓的清潔工會不分類，不管能否回收都被送去堆填區。所以要怎麼改變環保觀，改革制度十分重要。

香港人來到臺灣會驚覺垃圾分類的複雜。第一年來到臺灣，住在學校的宿舍，那時候對於回收與環保分類的概念仍是十分微弱，分不分類對於我來說都沒有關係。當時在宿舍房間裡有一個小小的垃圾桶，在走廊有一個大的圾圾桶。根據我在香港的經驗，一定是不管什麼東西都先丟在房間的垃圾袋中，再丟到外面讓管理者處理。我就去雜貨店買了粉紅色有香味的垃圾袋，覺得一切都如在香港如此作業，很方便。這樣丟了大概一週後，我便發現不對勁，怎麼在外面那個大垃圾桶裡面沒有人包著有顏色的垃圾袋呢？而且明明就有垃圾桶，但旁邊都疊了很多紙餐盒、飲料杯、紙袋等。我回到房間問我當時的室友，他對我講述回收的基本做法，我才知道原來臺灣回收的分類比香港仔細多了。慢慢地我也習慣面對自己製造的每一件垃圾，在丟垃圾前都會思考，這是否可以回收。後來搬出來租房子，也開始了跟隨垃圾車的生活。

垃圾袋裡的生活面貌

直到現在，我對垃圾處理曾有兩樣深刻的體會。一是廚餘，多年來我都沒有處理得很好，只能盡可能啃光便當中所有食物，不留太多廚餘。學校的各棟大樓的回收中，大部分都備有廚餘桶，只有部分系所沒有。在香港，廚餘根本不被視為可以處理的分類，除非有特定已知功能的剩餘物會獲得個別處理外，一般都當作垃圾，也沒有另外放置的習慣。香港與臺灣在飲食習慣上的差異，也間接導向不一樣的垃圾處理議題。最明顯的差異是湯品，臺灣的湯品相對來說較簡單，在家煮個雞湯、魚湯等，材料都可以食用，甚至可以吃光，剩下的骨頭等廚餘也比較少；而香港的湯品則有不一樣的文化，煲湯似乎是每個香港家庭都會有的習慣，一鍋湯中有十分多材料，可以食用的廣東話叫湯渣，不過基本上很多的煲湯食材都不會食用，亦很少會把湯渣通通吃完，所以每次煮湯都可以預知會有一大鍋廚餘誕生。有人對煲湯的看法，是說全部材料的精華都已經煮到湯的液體中，食材本身既被煮到乾巴巴，也已沒多少營養僅存。飲食文化與垃圾的製成，我只能說各家各法。

第二個體會是回收玻璃。這其實也不算困擾的事，問題出在我身上：我在家喜歡喝白酒，因此常會有玻璃瓶要回收。每次帶著一堆玻璃瓶下樓時，都好像給別人知道自己是一個愛喝的人。我搬到外面住之後，空間比較大，有時候節慶日子，我會請朋友上來吃吃飯聊聊天。有一次聖誕節剛好是週六，大家不用上班，我便請大家來我家，吃個飯，交換禮物，當然大家還會帶各式各樣的餐酒、啤酒上來小酌一下。隔兩天週一，我從廚房地上抬起了空酒瓶，下去交給垃圾車時，恰巧被印尼姐姐看到，她笑問說是不是前幾天在家開party。垃圾常被認為是不再需要的東西，是用過後棄掉的物品，沒有用途與意義；但從另外一個角度想，垃圾也是我們生活的活證據，你丟什麼垃圾，其實可以從中知道你過著什麼樣的生活。這一切一切，都是從接觸垃圾處理，反思自己生活的細微改變開始，而且個人如何處理垃圾、如何倒垃圾，也是一種十分重要的價值觀。

少一點垃圾，多一點生存空間

一個城市的垃圾，肯定跟我們每天用的物品有關，也定必反映出我們對消費文化的認知。倒垃圾與回收問題成為城市中一種特有的制度，我們懂得在城市中生產與消費，但我們懂得如何面對垃圾嗎？我們每天都在購物飲食，當中產生出不少可回收以及不可回收的物件，難道每一樣都是必要的嗎？人、產品與垃圾是不可分割的關係，所有的社會活動都與垃圾有關。現在的環保科技越見進步，重塑、重用或是焚燒的技術已不是二十年前般，但如果我們仍然不反思自己的消費觀，再多的技術也是無用的。正如現在推出這麼多的環保產品，有很多都是非必要的消費，不買就不會有機會成為垃圾了。

來到臺灣後，我擁有的環保產品就只有環保餐具，目的就是減少使用免洗筷子的次數；買飲料也不拿吸管，靠自己那張嘴過活，也不必去買不銹鋼吸管，難道沒有吸管就喝不下口嗎？環保餐盒與便當袋，必要時才會帶在身邊，否則在餐廳中進食也是減少垃圾的方法。不管是在臺灣或香港，環保意識都是一門永遠上不完的課程，不只是處理垃圾，也是面對資源、環境、土地等實際切身之事。問題的重心不應該是我們尚有多少年可以過這樣浪費的生活，而是如何讓在地球上的所有生命可以繼續共同生活下去。

我們常以為拋棄的垃圾從此就消失了，但除非被運到外太空，地球上的一切終還是不會消失，只是化作另外的樣式出現，垃圾歸塵土後又再分解，雨水下完後蒸發後又成為雨水。我們要做的，是讓垃圾的數量減少，讓分解的時間壓力得以舒緩，讓水變得比較乾淨，讓樹木再生的機會變多。原以為輕鬆遺棄也無妨的，其實我們更要去好好珍愛。「被世界遺棄不可怕」，盧巧音在〈垃圾〉裡這樣唱，唱的雖是一種失戀時徹底墜落、寧願把自己當做垃圾般的情愛觀，但其實，她不覺得可怕，殘骸雖然會腐化，卻能看到庭園中開滿花的景象。

那些鳥經歷

niǎo
鳥
zoeck3 zai2
雀仔
鳥
tsiáu

心橋

漫步樹叢的怪鳥

在臺北一個風和日麗的下午，友人騎車載著我到小巨蛋那區，想把車泊在面向小叢林的街道。我先下車，趁著等友人泊車時去看看綠色的植物。小叢林和街道之間有鐵網隔著，叢林後原來是紅色的田徑場。這地方看來是個校園。我看看樹木，忽然，聽到自己跟樹木之間，有什麼東西走過踩到了樹枝的聲音！低頭看看，赫然發現有隻大鳥，隔著鐵網，站在我和最近的一棵樹之間。我嚇呆了。這隻鳥雙眼炯炯有神，站立和走路的姿勢跟鴿子相似，身型卻非常大，像隻小企鵝。我陷入驚訝與好奇中，瞪目注視著這隻鳥，想知道牠到底在做什麼：牠好像是在散步，但每走幾步又停一停下來，到處張望地上的泥土，似乎是在覓食。只是，牠都用雙腳走，完全沒有展翅。每步走得穩，腳步跨得蠻大，似乎走路挺為敏捷。牠又走又停，簡直像個匆忙卻又不知在猶疑什麼的路人。

此時，友人從遠處叫我起行，我生怕說話會嚇走這隻大鳥，便用表情和手勢示意：「我在看這個……」他走過來，一看就笑說：「啊，你在看怪鳥啊！」我多害怕他的聲線會把鳥嚇走。可是，鳥完全沒有受驚，眼睛只瞥了我們一下又看回泥土，可能非常了解有鐵網保護。牠繼續大步沿著叢林走，於是我在鐵網外隨著牠移動，想繼續追看。就這樣，又過了幾分鐘。

友人催我離開了，我終於還是不捨地放棄觀察，然後跟他解釋，我人生裡從沒見過這樣大的鳥，而且還是在城市裡！牠的樣子真的非常奇特，我這真是人生大發現呢！他說：「那就是怪鳥啊！」聽來那麼漠不關心。於是我又問：

「你知道牠的名字嗎？」他又重覆道：「那就是怪鳥啊！」「什麼怪鳥？」我開始不耐煩了。我們不過是少見這種鳥，就代表對方一定很「怪」嗎？說不定不正常的是我們，人家完全不怪。他才解釋說：「我不知道，但你在網絡上打『學校的怪鳥』一定會找到牠的照片。」我半信半疑，但同時覺得，城市裡有這樣的動物，而大家又會幫牠取這樣的名字，實在是雙重奇異。

生活中的一抹風景

後來我在網絡上查查看，發現那位友人說得沒錯，真的只要搜尋「學校的怪鳥」就會找到這種鳥在臺灣不同城市出沒的照片。「怪鳥」看來就是臺灣人對這種鳥的統稱。牠們似乎經常出現於校園，於是得了那樣的外號。牠的學名是「黑冠麻鷺」。原來是鷺科，怪不得身型特別大。我畢竟是香港人，下一步當然是搜尋香港是否也有牠的蹤跡。說實話，我心裡存有一絲希望，想在香港也能看看這樣威風凜凜的鳥，或許可令人在壓抑的城市生活裡分一分心。只是，搜尋一下，發現香港似乎對此鳥沒什麼記載。黑冠麻鷺主要分布於馬來西亞和中南半島一帶的山林，但時常會在臺灣的都會中出現，於是香港和其他國家的觀鳥者會專程坐飛機來臺灣看牠。

那次碰見黑冠麻鷺的經歷，在我心裡成為獨特的回憶。我後來回想，想必因為自己是外國人，才對於看見這種鳥而訝異那麼久。當時，友人可能對於我的大驚小怪感到非常無奈。可是，不知是哪來的緣份，沒多少個月後，我居然又在臺北鬧市看到一隻了！上次碰見黑冠麻鷺算是在鬧市的內街、校園旁的小徑，今次卻是在鬧市中心，百貨公司背後稍為靜一點的小街，正確位置是中山捷運站一號出口地下街上來的地面。這一隻黑冠麻鷺身型跟我上次看到的差不多，但看來兇悍多了。牠目露兇光，只顧在街道中央的小園圃覓食，但見一位小孩高興地朝牠跑去，我還擔心牠會受驚而襲擊小孩。只見那隻黑冠麻鷺作風鎮定，小孩沿著園圃追牠，牠就邊跑邊檢查泥土覓食（倒也真是喜愛用腳走路的）。快避不開孩子時，才稍動雙翼往前飛一點點。這樣的狀況，維持了五分鐘左右。然後，黑冠麻鷺一展翅，就飛到對面馬路約三層樓高的廣告牌上。牠展翅一刻，大家都嘩然了。對面馬路的人也被突然飛來的大黑影嚇倒，怔住了。也是在那一刻，我發現，因為目擊黑冠麻鷺而訝異的人不只是我一個，還有身旁的當地老百姓。不論是阿伯、媽媽抑或小孩，也都驚訝又讚嘆。那一刻，我認識到臺北可愛的一面。生活繁忙的臺北人，畢竟還是有跟大自然互動的機會。城市裡居然靜靜地住著這一種大鳥，沒有出現嘩眾取寵的媒體，也沒有人投訴生活受擾（至少我沒聽說過），大家就是那樣讓鳥生活在人之中。我感受到一種與大自然共存的寬容，還有坦然的生活態度。

那次相遇令我體會到，在臺北市看見黑冠麻鷺的機率大概不低。由於這種鳥長相算是奇特，身型龐大，一般城市人遇上的話，還是會留步觀望或少不免怔住了一下。這是人類被大自然事物震懾的正常反應，是普世的情緒。後來我還有再遇過這種鳥一次，在臺北的青田街。那天下午，我跟亦修正在青綠的樹蔭下散步。忽然間，一個龐大黑影從亦修身後飛出，嚇得我們卻步。這隻鳥飛到一間日式屋子頂部旁邊的大樹幹上，我們這才看清楚是黑冠麻鷺。那次，同樣是牠每次飛也為路人帶來一點轟動。

黑冠麻鷺在青田街帶來的小驚喜，其實與麵包果大同小異——那裡有些麵包樹，結的麵包果由於生得太高，應該少有人去採摘，成熟後會直接墜地，「卜」的一聲，頓時炸成一地橙黃的果肉。高峰期時，青田街路邊兩旁的房子管理員趕不及打掃，路面就是左一塊右一塊炸開了的麵包果雷。看來，青田街翠綠而恬靜的路上，充滿著大自然突如其來又令人類嘩然的小動作。

語言裡的鳥

黑冠麻鷺還有另一個綽號，叫「大笨鳥」，可是我對這個稱呼就不敢苟同了。從我的敘述，應可想像到黑冠麻鷺其實是非常機警和敏捷的動物。牠們站著發怔時可能有點像石像，因此令人（特別是校園裡的學生）對牠生起可愛的聯想，叫牠「大笨鳥」。說來，我曾嘗試向香港朋友形容這隻鳥，結果用到了日本卡通《寵物小精靈》（香港和臺灣現名《寶可夢》）為例子：

黑冠麻鷺其實長得跟比比鳥鑾像，只是頭頂那一撮「頭髮」沒那麼多和飄逸而已。

那樣把大鳥可愛化，又讓我想起香港人對「鳥」字的用法。好幾年前，手機遊戲「憤怒鳥系列」推出，紅遍全港，乘搭公共交通工具總會看到一些人在玩。這個遊戲名字對香港人來說特別容易記，因為在廣東話「鳥」跟「了」發音非常相似，只是「鳥」帶有鼻音，若是說得快了或偷懶而發音不標準，說出來就是「了」音。遊戲名字像個小笑話，掀起用「鳥」字間接表達情緒的網絡潮流，除了說誰人「憤怒鳥」，還可以說「工作累鳥」、「哭鳥」、「感動鳥」等等。這成為一種趣味用語，因為我們在廣東話本來是不會用「了」這個字，也少發這個音——我們一般會稱雀鳥為「雀仔」，不會講「鳥」；而「了」是書面語，只有寫字才用，在口語總有別的助語詞代替。（舉例說，「憤怒了」在廣東話就是「嬲咗」。）於是，當我們形容人或事情什麼什麼「鳥」就別有一番趣味，就像平常用廣東話把書寫的白話文讀出來一樣，總是顯得煞有介事。

至於臺灣，我倒是不知道為何「鳥」字好像總帶負面意思，例如「鳥經驗」等如失敗或很差的經驗。我以為那跟「菜鳥」這個臺灣用詞有關，但問過很多臺灣朋友，他們都說兩者並不一樣。「菜鳥」意即「新手」，或在某種領域缺乏基本認識的人，等同於英語「trainee（實習生）」，似乎是國語音譯。原本用於形容軍隊裡的新人，現在普遍用於各行各業。反義詞就是「老鳥」，代表經驗老到的人。如果單用「鳥」字，則通常形容事情，像「鳥事情」就代表事情很麻煩、瑣碎，或很俗、很爛，都是貶義。會否是臺語讀音的影響？「鳥」在臺語唸 tsiáu，似乎跟以上說法並不相關。只是，不少人告訴我，「鳥」以前跟「屌」字同音（粵語和國語皆是），曾有相近語義。不過，現在「屌」在臺灣是那麼厲害的意思，為什麼「鳥」就要那麼遜呢？可憐的鳥，為什麼你的語意象徵那麼負面？我決定以這篇文章的題目來為你平反，打破這個名詞的負面關連，哪怕只是一點點。

從鳥眼看世界

像黑冠麻鷺這樣的大鳥，居然可以從容地在鬧市中與城市人共存，對我或也許對很多臺灣人來說，依然是難以置信。到底臺灣的地理環境是否有什麼獨特之處呢？數年前，有幸在香港的有種電影節看到臺灣紀錄片《老鷹想飛》，感受到臺灣有一群人對雀鳥的愛護以及對保育的情懷，那時我就覺得，臺灣這塊地跟雀鳥的緣份與香港有點不同，這可能關乎到臺灣有較多農田，於是生物與人類飲食有更切身的關係。香港有很多鷹，電影對香港麻鷹的情況也略有解釋，但香港本地少有關注鷹的生存和保育。我也是在二〇一八年颱風「山竹」襲港後，才得知全港除了政府漁農處外，就只有香港愛護動物協會和嘉道理農場兩個機構會為野外雀鳥提供救援，照顧野生雀鳥的資源實在不足。

然而，香港鬧市也不是沒有雀鳥的。最常見的除小麻雀外，就是鴿子——不論顏色如何，我們在廣東話都叫牠們「白鴿」。例如我們會說「黑色的白鴿」，幾乎不會講「黑鴿」。而白鴿在香港鬧市的存在，可算是都市怪奇。香港的鬧市裡總有些特別地點，吸引非常多白鴿休憩玩耍。如果說是因為有人餵食，那麼對在尖沙咀天星碼頭外那片空地的白鴿群可能還說得過去，因為很明顯有些遊客和老人會特地去找鴿子餵食。但是，像在銅鑼灣紀利華木球會外那棵樹的情況就有點怪了。那裡有一棵大樹，平常最少都有四十餘隻白鴿。數量之多，有點嚇人。人走過去，好像都反過來被白鴿嚇走。奇怪的是，那一帶附近有別的樹木和植物，有更靜的空間，但那些白鴿不知怎的，都只逗留在特定那一棵大樹的範圍。更何況那棵大樹立在三條馬路之間的安全島上，根本不是空氣特別好的地點或清幽之地。

除此以外，中環皇后大道中那條連結半山電梯的行人天橋也是白鴿聚集怪點。那裡更奇異，附近只有零零星星數株點綴街道的樹木，唯獨天橋旁邊長了一棵較高的樹，整天都有幾十隻白鴿駐守。牠們似乎都早已戰勝了街道上繁忙人潮形成的壓力，是道地的中環白鴿。

有人跟我說，香港人認為白鴿聚集的現象代表「風水好」。這可能也解釋了為什麼，實事求是的香港人沒有過分去嫌那些白鴿弄到遍地鳥糞不衛生，即使在禽流感高峰期，也沒有主張杜絕這些野生白鴿，而只是更頻繁地消毒和清潔街道。假如把生物多樣性跟「風水」扯上關係的話，會不會有可能令香港更積極地進行城市規劃和環境保育？

說了這麼多在都市看見鳥的經歷，我想到自己就好像在體驗約翰．伯格（John Berger）在文章〈為何凝視動物〉（Why Look at Animals）的說法。伯格提出，人類觀看動物的原因，在於他們會從動物的目光來反思外界如何看自己。他認為人與動物之間缺乏共通語言，永不平等，永不理解，只能算是平衡的存在。也正因那樣，接觸其他動物的目光會令人思考自身與其他物種的存在，以及彼此跟環境的關係等。我遇見黑冠麻鷺的震驚，深深刻在腦裡，因為自己未曾在鬧市見過這樣的物種。我好奇牠怎樣生活在我們當中，而那樣的思考，帶給我新的角度去反思城市建設，對感官體驗和生活模式也有了不一樣的想像。從此，我更加意會到在臺北鬧市聽到汽車行駛和泊車聲音的耳朵，不只是屬於人類的。臺灣這個地方，在我心裡也多了一種特質。城市人跟大鳥的互動和想像，是可愛頑皮，也是對大自然的坦然和敬畏。多得有那麼惹人注目的黑冠麻鷺，才逼使我們在受驚的瞬間，覺察到一切人類的事情並非那麼理所當然。

同樣地，在香港我們也可以透過看看白鴿選擇在那些難以理解的地點聚集落腳，從而受啟發去以不同的角度思考和感受環境。這種透過日常遇見其他物種而取得啟發的福氣，一旦消失了，我們還能找什麼去彌補呢？

廁所框框的現象學

心橋

好幾次在臺北，碰巧有香港朋友來玩，約我去逛街。我少有把逛街當行程，通常會當作與朋友聚舊去應約，但最後卻常發現我們時常逛得很開心，每次一逛起來，久久失去了的購物慾多多少少都會再度露臉，我至少會有好奇心去看看新商品。不過，在臺灣，特別是百貨公司裡，好些品牌香港也有，更何況臺灣有銷售稅，同一件貨品在臺灣應該賣得比香港貴一點。那麼，我們為什麼在臺灣會買得特別開心呢？

我漸漸意識到是環境的問題。因為在臺北逛街還有點空間可以走走坐坐，不急不趕，售貨員的態度亦比較專業恰當，不會手忙腳亂，較少對顧客不友善。

於是，我和香港的朋友在臺灣就可以重拾「正常地逛街」的感覺，甚至懷緬起中學時在街上閒逛、買飲料吃燒賣的空間感。自從發現了這回事之後，我在臺灣亦開始自己逛起街來。有時候放假出來逛逛，喜歡的話又可以找間咖啡室或餐廳坐下來，吃點東西，看看書。

人本精神的舒適空間

到底怎樣逛街才算逛得舒服呢？原來都是以人為本的考慮。我認為，其一，首先商場的空間要可以令人放鬆，溫度、濕度都要合適不在話下。近年有不少商家還懂得利用香薰、香水等，企圖透過氣味來加強訪客的購物慾。再者，得考慮訪客流動時的需要。當人走得累了要有可以坐的地方，餓了渴了要找得到餐飲供應。更加基本的是，當需要上廁所，不用擔心影響行程，洗手間的位置都設在方便的地方。有些較優質的商店或百貨公司，洗手間會有貼心的設備，如消毒馬桶坐墊的消毒劑、良好的乾手設備、衛生棉售賣機等等。

以人為本、令人生活可自在一點的系統很容易令人習慣。從此，我在香港就盡量避免到人多的地方購物了。有時候難免要去百貨公司一趟，原本心情就算再好，都會因為到達之後深感踏入戰場，心情直轉至自衛所需的警戒模式。只要鞋子沒被人踏到，肩膀沒被人撞到，其實就已經很好。遇上有禮相待的服務員，更加要感恩，不過這個機會比較低。再者，由於上洗手間要花很多時間，所以心情即使再好，也不敢胡亂排隊去買飲料。即使商場每層都有女廁，通常也都要排隊，而因為人流負荷過重，越多遊客排隊使用的女廁，衛生通常就越惡劣，清潔人員根本沒有機會好好清理。在一些較小的商場，有些女士會選擇多跑一兩層，期望找到少點人等待的女廁。總之，在香港出來逛街，每一種人體需求都有如一項任務。那樣的話，失了閒情逸致，又何以算得上「逛」呢？

這也說明了，為什麼在臺灣，特別是在餐廳和機場這些遊客停留點，總會看到香港人（特別是女士）說要「趁現在先再上一趟洗手間」、「幸好有洗手間」

之類，如此令臺灣都市人莫名奇妙的說話。

上個廁所學問多

廁所是現代社會解決人類排泄需要的普遍設施。「男廁」、「女廁」這種基本名詞應該在各種語言都存在。我發現在臺語，「廁所」是比較文雅的講法，大家平常會講「便所」。要進一步探討的話，廁所種類如座廁、蹲廁等又有不同講法。說來，我從小在香港長大，隨著蹲廁越來越罕見，漸覺得文明地方一定都會安裝坐廁。後來在臺灣，發現好些舊建築仍舊用蹲廁，起初不太習慣，後來又漸漸覺得只要環境乾淨，廁所令人方便使用，難得不用排隊等很久，其實也沒什麼好投訴的。可幸地，我在臺灣大部分遇過的蹲廁衛生都還可接受，便會覺得跟香港比起來，仍然較為方便。與此同時，臺灣亦有令人驚喜的廁所——日式座廁。在日式飯店或餐廳總會遇到，但有時在一般不特別日式的地方遇上，倒是令人驚喜。日式座廁的智能廁板，具多款功能，冬季時能讓廁板先暖起來才使用，實在是偉大發明。與臺灣相比，日式座廁在香港則比較罕見。

談起廁所，才發現臺港兩地的廁所文化有不少區別。例如，香港一向都是把廁紙丟進馬桶的，但是臺灣大多習慣丟垃圾桶。臺灣政府早幾年才突然說廁紙應該丟進馬桶裡，相信令好不容易學習適應的香港人如我，感到一頭霧水，心想：「既然如此，早說嘛！」然而，事情到了今天好像也沒有特別搞個明白。數個月前去南投和臺中，才看到好幾家餐廳的女廁貼著標示，說廁紙不能丟進馬桶。每每遇上這種情況，總覺得還是應該聽店家的話。

洗手間是解決人體需要的必要建設，無論在數量抑或質素方面都同樣重要，直接影響生活。臺灣對於廁所使用有爭論之處，其實香港的廁所也有值得審視的問題。如前文所形容，香港的女生上廁所實在免不了麻煩，排隊和走遠總得二擇一。香港獨立樂團 My Little Airport 有張受歡迎的專輯名稱叫《香港是個大商場》。循著這個比喻說下去，我覺得在這個大商場裡，女廁總是排隊排到廁所門外去。不然，女生就是要問餐廳或商戶拿鑰匙，走一段路，拐幾個彎，甚

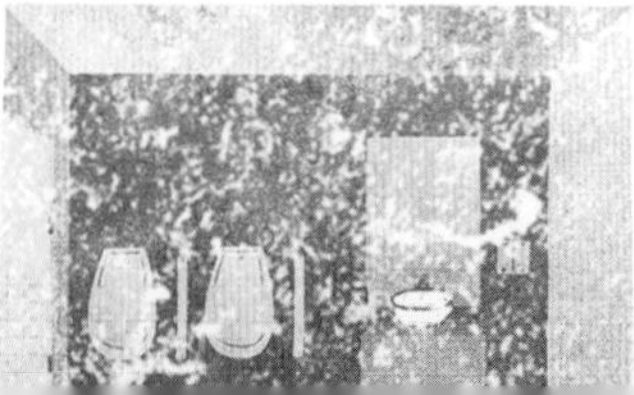

至要上下樓梯，去一個隱世到令人有點擔憂安危的洗手間；更多的情況是餐廳或商戶不願把洗手間外借。人流遠超負荷的香港，犧牲的不但是市民逛街的空間，還有大眾上廁所的便利。因此，習慣旅遊的香港人，特別是女士，近年在外地可能會覺得找廁所相對輕鬆。我們總是傾向以為香港因為人太多，地不足，便把這種生活上的問題解釋過去，認為廁所總不會夠用的。正因如此，當我首次聽到有些地方如美國和臺灣，政策會規定多蓋女廁的時候，簡直像發現世界奇聞一樣，然後才覺悟原來我們的文化缺乏對城市空間的批判思考，忘記了空間的設定背後必須有規劃與安排。先有人，才有城市。城市設計，本來就是以人為本的學問。

跨出框架更文明

香港女生若曾到過臺灣，應會發現上廁所要排隊的問題相比之下好多了。那原來並非單單因為臺灣「地方比較大」。臺灣自二〇〇六年起，便規定新建的公共建築物按照分類，男女大便器（即一般坐廁）數量比例必須達到至少一比五或一比三。等於說，有些時候即使男女廁看來仍是成雙成對地出現，女廁內的廁格數量應該要比男廁多。雖然有些舊建築物的女廁供應量仍有待改善，但普遍而言，女廁排隊的狀況確實得以舒緩。順帶一提，臺北捷運的女廁在門外清楚地用電子系統標示廁格的使用狀況，我個人認為也是蠻貼心和踏實的做法。能事先看看廁格使用率是否已滿，便可及早決定是否需要另找洗手間。這種管理上的考慮，讓使用者能主動避免排隊，似乎亦是一種提高行人流動性的方法。

我不妨誇張點說，香港哪個女人能安然地上個不擠的洗手間，便算是有種生活的小確幸。有些香港女性，會因這種原因而特別喜愛自己的辦公室。有上廁所的安逸，是種優待。香港目前的男女廁比例規定為一比一．六，可是，現實反映我們的女廁數量仍相當貧乏。來個都市設計狂想：近年，香港因為商鋪租金高昂以致有越來越多「吉鋪」（空店位）出現，這是否是一個契機，讓我們重新設計這個「大商場」？拿掉一兩個店位來擴建更多更舒適的洗手間，創造體貼一點的城市體驗，塑造更文明的生態，說不定能吸引更多懂得珍惜這種空間的使用者。然而，我知道拿掉店位來蓋出讓人使用的舒適空間，在寸金尺土的香港是種打破框框的概念。說到底，似乎我們思考廁所的框框，造出的廁所框框，也不是那麼容易改變。

在蓋廁所這門規劃學問裡，臺灣便是香港可參考的例子。臺灣的城市建設，相比之下好像比較關顧兩性平等。但假如你查問一下，便會知道其實很多現有法規都不是從天而降的禮物。我也是從臺灣的友人口中才得知，原來一九九六年曾有學生團體與婦女組織在臺北發起「搶攻男廁運動」，提出女生若發現廁所不夠就乾脆使用男廁，才帶動起社會整體關注男女廁比例嚴重失衡的狀況，奠下了社會大眾思考改善城市設計的基礎，繼而推使臺灣實行改革男女廁。

這種男女廁的失衡情況可看為「廁所性別歧視」，是典型的例子，反映所謂男女平等並不是一種「必然一比一」的概念。有時候，反倒是這種「必然要一樣」的心態，使人忽略了個別群體的需要。人人生來不一樣，何況兩性的身體構造本就不同。女性既有月經需要，懷孕時動作又得小心，像廁所這種服務人群的建設該有更體貼的規劃方案才是。有些人認為，男女廁比例失衡是由於社會傳統的建築師、規劃師都是男性，才造成忽視女性需求。無論那是否真確，理解兩性得到同等份量的東西不一定就等如達到兩性平權，該是我們踏入二十一世紀要學的新智慧。畢竟兩性有根本的生理差異，真正體貼的做法應該是面對差異，提供辦法，盡量能滿足不同人士的需求。我早前在網絡上看到一段教育短片，裡面舉了一個相當好的例子：假設有兩個小孩，一個一米高，一個一米五——若我們衷心希望幫助兩位都可拿到三米高的東西，卻同樣給他們一條一米五的梯子，這樣的分配稱為平等（equality），卻稱不上公義（equity）。最終，那個一米高的孩子仍然需要額外幫助，否則，仍然無法觸及三米高的東西。

讓廁所不再分隔你我

當年臺北的「搶攻男廁運動」掀起社會熱話，一個原因是有學生造了透明的廁所道具來公開展演女生排隊如廁的日常。想深一層，男士一般是如何得知女廁要排隊的問題呢？我想大多數男士都是透過從小要等女性親屬用廁所而知道的。曾有朋友說笑，香港女士要找洗手間的位置很容易，看看商場哪裡莫名其妙聚集了一些男士在看手機等待，就知道女廁是在那邊了。想想看，男生站在女廁外等，好像是不少大城市的固有風景，即使在臺灣也不例外，只是程度上的分別而已。

在異性戀主導的社會，男女約會時，雙方明明一同要上廁所，女生卻總要排隊等候用廁，男生則在外邊等待，戀人分隔兩處各自等。彼此這麼近，那麼遠。在二十一世紀，這種約會時短暫的分開，也是讓雙方拿手機出來分心的機會。如果完美的約會需要百份百浪漫與專注，那麼女生如廁的需要可能就似男女約會時吹來的一道冷風。其實不論生理性別，也不論是朋友、家庭還是情侶等等，若可減免上廁所的排隊時間，以後群體出外因上廁所而分開、分心、呆等的時間也可以少一點。城市裡一些實際的設計改動，或許可令社會更添溫馨與浪漫。

臺北「搶攻男廁運動」的表演當年使人哄動，反映我們的社會忌諱公開談論如廁事情。其實當我們反思界定廁所的框框，便會發現男女廁的供應比例只是人權討論的基礎。想深一層，現代的廁所空間其實已是一整套設施的概念，更應照顧到母乳餵哺、長者帶同看護、家長帶同孩子等需要。因此，近年世界各地也開始討論「無性別廁所」的可行性，臺灣和香港也不例外。只要我們願意一同反思和討論，廁所的設計其實滿是革新和改善的空間。上廁所是普世需求，在文明發展上應該要做到與人類生活的改善與時並進。廁所的討論讓我們能共同參與發揮創意，亦需要我們運用同理心，思考差異或他者的需要，時刻提醒我們以人為本的重要性。

重疊的暈眩

心橋

住房裡的生活

在剛自立搬出來住的日子，我住在九龍的一棟舊唐樓裡，樓下的單位是一些劏房。當年，由於市區重建局要把整條街收回重建，不少業主已跟政府討了價，要把單位賣掉，於是陸續通知住戶要他們遷走。我們的唐樓後期只剩下寥寥幾戶租客。由於大廈裡的人流不多，而且那一層的劏房之間的公共走廊空間狹窄，所以那些劏房區的人家索性不關大門，每戶住客把自己劏房的門鎖好就是。那段日子，我每次在樓梯間走過劏房區的入口，大概都可憑氣味猜到裡面有沒有人，以及他們在做什麼。例如共用浴室會傳出沐浴露味，又或某戶用電鍋煮飯傳來的飯香。我猜他們並沒有共用廚房，每戶人家倘若要烹調的話，都要躲在自己的房裡煮，因為那個劏房區想必很小。我和室友合住的單位，正正在這劏房區樓上，實用面積大概四百平方呎（約十一・二坪），簡單地劃分成廚廁、客廳和兩間睡房，空間可說是剛剛好。我無法想像我們家的格局被劏成三、四戶的模樣。事實上，即使劏房區沒關大門，要探頭進去仔細視察、細數門戶始終還是需要勇氣的。有些私密的界線，即使無形，你還是不太想去僭越。

樓下久不久就會吵架。有一把很兇的中年女聲破口大罵，也有中年男聲粗暴回應。接著總會有暴躁的關門聲。我們住在樓上都一一聽到，但也沒什麼辦法。除此以外，由於劏房戶沒有門鐘，都得拍門喊人，於是，每當有人要找劏房戶的時候，對鄰居就會造成比較大的困擾。在極端的情況，有人會粗暴地在門上敲打，甚至踢門。也遇過因為裡面沒人開門，外面的人吵鬧了很久。這些種種，我們住在樓上都聲聲入耳。私密的空間重疊，會引來不安和焦慮如鬼魅般附身。

住在劏房區的人家，由於私隱難以保護，想必時常要互相遷就，個性更該有幾分霸氣，不然豈能保證自己的人身及財物安全呢？我偶爾會在天台碰到那位中年女士在晾衣服，我們聊天時，她倒是意外地平和友善。她看見我和室友的盆栽，便說自己也很愛植物，即使現在住在城市，仍然懷念以前在內地鄉下種田的日子。我心裡一直覺得，作為鄰居，能認識到她在劏房區以外的這一面，真算難得。

剖開的房間

寫了一陣子，才想到近十年在香港鋪天蓋地湧現的「劏房」，是廣東話名稱，有需要說明。「劏」在廣東話是「砍開」的意思，例如我們會講「劏西瓜」，即用刀把西瓜切開。也可以說「劏羊」、「劏雞」等。「劏房」，顧名思義就是把單位砍成更小的房間。聽來似乎沒有屠宰那般血腥。然而，劏房在二十一世紀的香港興起，可算是開闢了新一代的生存血淚史。香港面對的住屋問題，令人焦慮的不單是老人和低下階層的居住苦況，更是年青（或已不再年青的）一代需要成家立室、自立門戶所面對的障礙，或使這些人生進程無法實現的窘境。在這個城市，年青人若希望自立門戶但又不找室友合租的話，一般也就只能租住劏房。不過，當你聽到年青人要住劏房，可又別急著以為那一定很糟糕。這種故事也有不算很糟糕的版本。有些劏房配備富現代感的裝潢，漆起米色或黑白色的簡約風，看起來時尚。面積雖小，一般為八十至一百二十呎（二．二至三．四坪）不等，月租也需港幣八、九千元／才能租住。有些配備好點的，添了基本傢俱（大多因為空間太小而要特製，都是預先裝好不能移動），定期提供打掃服務，就變成「服務式住宅（service apartment）」，月租也就要過萬了。在交通較方便的地段，外表華麗的服務式住宅月租過萬並不出奇。能租住這些劏房，能力已經算很不錯。說到底，哪個年青人可負擔得起只用半份月薪來付租金，已很厲害了吧！

同樣的東西，朋友告訴我在臺灣叫「分租套房」。臺灣的房地產市場在放租套房時，會說明單位是獨立套房、分租套房還是雅房。獨立套房就是建築本身設有的獨立單位，有自己的門牌。分租套房就是類似香港的「劏房」，把一個單位再分成幾戶，但每個套房都有浴室和廁所。雅房，就是房間而已，要跟其他房間的人共用浴廁，文首講述九龍唐樓裡的那些劏房，其實便算是雅房。相比之下，香港的「劏房」是統稱。房地產業在廣告裡會把劏房寫成「套房」，但不一定會列明是否共用浴廁，「雅房」一詞較為罕見。此外，我曾問過臺灣的朋友在臺語如何形容這些房子分類，但似乎臺語暫無特別的講法，也是照著字面念。而我希望臺語永不用為劏房這類東西命名。

劏房有華麗的，也有難以示人的。在香港，沒有自己浴廁的房間，比較好看的就是一般單位裡分租出來的睡房；比較難看的一種，要數連實際牆壁也沒有的「板間房」。香港電影《一念無明》裡，男主角爸爸的「家」就是一間板間房。我沒記錯的話，電影裡至少有四戶人家共用一個浴廁空間以及一個廚房。正因為「房間」都是用板而非水泥間開，電影裡的小男孩就可在自己家裡講故事，來哄鄰家躺著正憂鬱的男主角。那個場景為觀眾示範了窩心的鄰里關係。但是不好的、令人尷尬的鄰里衝突，可想而知難以避免。

新興的解方？

在房屋變成炒賣工具的大環境下，分租模式在各大城市亦陸續普遍起來。這兩年來，我開始聽到臺北朋友討論城內一些誇張的分租套房消息。記得有一張單位的圖片，馬桶正對著睡床，中間只有一塊布簾分隔。看到令人難受，亦令人懷疑消息真假。不論是在哪個城市也好，誰會希望人類居於這種環境？

面對如此困局，有些年青一代想到以共享經濟作為紓緩方案。除了眾人合租一個單位以外，還發掘更多共享模式，例如建立共居社群，把廚房、客廳等共用空間拿來舉辦有意思的團體聯誼活動，令分享生活空間變為更易負擔、甚至更值得高興的事。時下越來越流行共享經濟，無可否認，有些共享模式確實可令生活更環保，令我們對未來發展更為安心，例如共享城市裡的腳踏車、雨傘，還有共同工作空間……「共居」，也許只能算為共享潮流的一條支線。像共同工作空間一樣，共居空間也可以很美，可建立鄰里美德，能達到交流和合作的功效，很有推廣和發展潛質。我甚至認為，倘若以後每個樓層的住宅單位都可共用冰箱、吸塵器等大型電器的話，那不但能減輕大家的消費負擔，更是環保和可持續發展的做法。所以，這類生活變革不一定只是兒戲的潮流。一想到這種大環境構成的限制與生活隱憂，逼使新一代嘗試苦中作樂並衝破舊有生活態度，我就聯想起上世紀五、六十年代的解放潮流。那種擁抱搖滾、追求和平自主的精神，何嘗不是基於一整代人承受的壓抑與剝削所造成的反彈呢？

潮流是否具標誌性，似乎要看它是否能引領社會大眾步向更好的生活，呼喚到社會產生正面的態度轉變。時至今日，共享經濟無庸置疑已成為新潮流。而居住是生活最基本的一環，不只是一種展示或炫耀，也不能只當成為興趣或配件。或許，今天我們應該問的是，用以紓緩居住問題的時髦做法，可否喚起根治問題的踏實規劃？我相信最終有關居住的討論，還是離不開要正視人類文明生活的基本所需。

香港的劏房景觀及問題已是世界知名。近年，亦有更多劏房環境的研究呼籲政府關注衛生問題。網上存在很多有關香港劏房的討論、數據、研究、背景資料等等。當我在網上看資料時，更發現有些聲稱能讓人「好好睡覺」的「太空艙」出租，月租也要港幣三千元甚至更高。去到「睡艙」也有出租市場的地步，也許再談空間華麗與否、可否示人已變得不切實際了吧？有朋友跟我說，在日本東京也睡過這種「艙」，真的可以好好睡覺。我想，艙就是艙，如果艙硬要變成「家」就說不過去。若要談我不樂見哪些東西擴及其他地方而日漸普及，像「劏」出來的「家」、讓人「好好住」的「艙」這類事情必要算在內。

看著網絡上那些「太空艙」照片，一陣無力感在我的心頭擴張，我漸漸看得發怔。長方形的艙裡泛著或藍或白的燈管，令人聯想到香港城市晚上的霓虹燈，還有時下流行用相機長時間曝光拍出的夜景照裡的光痕。那些軌跡，藍白之間穿插著一點紅與橙……我想像一個上班族身處這國際都市，勞碌了一整天，身上還散發著在都市吸收到而殘餘著的種種光痕與微溫。這個人一天裡經歷過種種大事瑣事高速擦身而過，最後卻只遺下自己一人，拖著無言的身軀與思緒，等著埋藏於這「太空艙」裡密封的寂靜下……那種幽閉感使人作嘔，我的腦海傳來陣陣暈眩。萬一這些種種「推廣」，其實不像時裝、不像料理，不是多元的選擇之一，不是生活模式之一，而是唯一，唯一剩下的方式，根本是唯一的市場，讓人逼不得已的「選擇」？

1 本文的金額數字只供參考。到本書出版之時，所有樓價和租金水平或有落差。

流動之必要，呼吸之必要

心橋

dōu fēng
兜風
jau4 ce1 ho4
遊車河
搧東風
siàn-tang-hong

每當思考「香港生活」有什麼特別之處時，總會想到乘車時一路的風景。

也許因為街道太窄，好像只有在乘搭交通工具時，才可以好好看到街道的實況。

我想，「遊車河」可能是我小時最開心的回憶。

在車潮與風中穿梭

應該不少香港的八十後朋友也跟我一樣，有一些小時去「遊車河」的快樂回憶。不論是假日的家庭活動，或是朋友開車載我們去看風景、消磨時間，我們成長裡總有些難忘的車河。我的父母愛帶著我到處遊歷。於是，我小時好像已去過很多地方，雖然現在已忘了活動的細節，但對距離還是有點印象。例如每逢聽到車子要上「屯門青山公路」，我就知道那是一趟車河。又或者由觀塘去西環、銅鑼灣往赤柱等等。

現在談「遊車河」總是帶點懷舊味道，應該不只是因為那屬小時的回憶。更準確來說，是因為這件事現在已很難再做到。以前遊車河真的有可放輕鬆的感覺，真的有可暢然架駛的道路呢！還記得赤鱲角新機場建成後，從港島開車來往機場也是不錯的遊車河路線。可是現在，香港的路擁擠到無論是假日還是平天、市中心還是郊區，都難以找到個安然地遊車河的機會。我猜，除非清晨六點起程吧！這樣說來，或許八十後是最後一批能在香港經歷「遊車河」的一代人。

臺灣的朋友很喜歡問我，到底為什麼香港人會講「遊車河」？真是不得而知。小時候，倒是曾在車子一直架駛的旅途上閉上眼睛想像過，自己其實是在坐船，在漫漫的海中央一路往前奔馳。會不會是奔馳時尾端劃出的白浪就像一條河流？說起來，我們在廣東話說「遊車河」指涉著特定的交通工具。如果是漫無目的地搭船看風景的話，我們不能說是「遊車河」，而是講「遊船河」。在臺灣則沒有這種分類法。國語的講法是「兜風」；無論搭的是車還是船，講法都一樣，都指乘坐交通工具隨心去晃晃。

「兜風」是我和臺灣朋友之間很好的話題。在臺灣可以常常去兜風，朋友都很友善地用機車載我到處走，讓我感受到臺灣的生活方式。即使不過是短暫的午膳時間也好，出去繞一圈也是不錯的消遣。這樣的生活方式，居然令我回想起小時在香港遊車河的自在。雖然始終不是自己當司機，但至少有可以流動的自由，以及選擇目的地的彈性。

後來開始認識臺南後，感受到臺北鬧市的交通確實比較繁忙，白天去兜風的話，有可能會遇到困難。不過，在鬧市以外的地區，短暫地去繞一圈的活動

仍存在於臺北人的日常。我開始想，會不會是因為兜風這回事太過尋常，所以臺語裡好像沒有特別用詞來形容呢？我曾嘗試向臺灣的朋友多番求證，他們的結論是臺語最多只會講「去繞一下」。有個講法是「搧東風」，但好像是以前的用法，身邊的臺灣朋友似乎都不會那樣講。

從等車看餘裕

雖然我一直誇獎騎機車的自由，但我意識到汽機車過多是有害地球生態的一回事。我想，我嚮往的是平衡吧。太多人無法隨心所欲地流動，以及太多人擁有私人座架（運具），也屬一種極端。不過，近年，一些臺灣城市陸續推行共用腳踏車，解決路上機車、汽車過多的問題，通行的速度好像不錯。我自己就是個勇躍的使用者。而我一向對臺灣的交通也沒什麼投訴，而且甚為欣賞臺北的捷運和公車，班次通告清晰。除了在等車地點的告示牌有班次提示外，大家在出門前亦可用手機app留意班次。我特別喜歡看老人家不慌不忙地坐在公

車站的椅子上輕鬆等車，他們有時還會咬著麵包。有些阿嬤臉上化著淡淡的妝容，安然地坐著等公車時，總好像有種日式優雅。公共交通工具的班次通告清晰，不但能減輕乘客候車時的焦慮，也能讓市民出門時逕自作更好的安排，整體上讓人感覺生活有更大彈性。無論如何，能自己選擇什麼時候怎樣到哪裡去，是很有益身心的。

有位臺北朋友就曾很大口氣地跟我說，她都不知多少年沒真的等過公車了。總之在app裡知道了班次時間，然後提前數分鐘到達公車站就是。她說：「等車這回事，真的還存在於現代都市生活嗎？」我心想，妳生活的城市，可能科技上要比我的家鄉走得前一點。

或許對某些臺灣人來說，難以想像在某些地方，等公車仍然是生活中至關重要的部分，例如在香港。來過香港的朋友不難發現，在香港等車是令人焦躁、很擁擠，但絕對無可避免的事。我們的巴士站沒有電子站牌，手機app的班次到目前為止仍要使用者逐個站按進去檢查，並無單一版面顯示車子當下到底在何方。而在車子遲遲沒有到達的時候，app 裡車子顯示的所需時間只會每分鐘地延遲下去。基本上等於沒有任何幫助。現實裡，不會用智能手機的老人家，抱著大包小包，也沒有椅子可以坐。我們的交通設施，就好像停留在數十年前。而過去十年人口暴漲，交通癱瘓的新聞每每就成為城中熱話。特別是上下班的繁忙時間，打工仔因為什麼交通事故，遲了半小時、一小時甚至更多才能回到辦公室或離開，已完全成為生活日常。

於是，現時香港日常的交通風景，與我小時那個還可以遊車河的年代，認真地南轅北轍。我也終於明白，為什麼「遊車河」於我來說，似乎成為了一種懷舊概念。如果可以遊車河的日子只屬於過去某幾個年代，那麼今天的香港與當時的香港的差距，應該並不只在於人流和交通密度兩方面那麼簡單。當中，還牽涉到其他正在消逝的事情，例如「紅 van」。

自由紅 van 的末路

我總是覺得，香港城市今天的緊張和失落，與紅 van 漸漸消逝有點關係。「紅 van」即紅色小巴，屬私營交通工具，每部十六座位，與綠色的公營小巴相映成趣，長年服務追求效率的香港人。「小巴」，即小型巴士，特徵是在特定的路線上沒有必停的站，只有在乘客要下車時叫司機，或是路上有人攔車，車子才會停下。綠 van 的路線由政府來訂，一般較短，而私營的紅 van 有更多長線選擇。它的價格中等，比巴士昂貴但快捷，卻又比的士（計程車）便宜。由於是私營，富有路線彈性，遇上塞車會跟乘客溝通再決定如何繞路。我亦發現，紅 van 的路線不少都是從前港人喜愛的遊車河路線呢！除了文首提到的例子外，還有從西環去灣仔大丸或筲箕灣、上環去荃灣等等，過去受歡迎的紅 van 和遊車河路線簡直多不勝數。

紅 van 總是在長長的路線上勇猛奔馳，而且越夜越精神。通宵行駛的紅

van，更似象徵著城市入夜後的江湖，不但是港人「夜蒲（晚上出去消遣）」的重要交通工具，夜班司機散發的刻苦拼搏味也份外濃厚。紅 van 總是予人一股爽氣和自由氣色，想必也豐富了不少城市人的想像。早年由網絡小說改篇的《那夜凌晨，我坐上了旺角開往大埔的紅 van》，就藉紅 van 旅程描寫一連串都市的離奇事件。其實，紅 van 可算是「香港精神」的代表：快、狠、準，目標為本，又求變通。然而，過去十多年來，不知是因為隨著地下鐵路線擴展，大家一窩蜂去搭地下鐵的關係，還是因為路面交通實在是太擠塞，總之紅 van 漸見罕有。有點冒險精神的我，曾經堅持在港島銅鑼灣等紅 van 去西環。結果至少有兩次，好不容易等到了紅 van 後，上車待了十五至二十分鐘，也沒有一兩位乘客上車。紅 van 通常要等到有足夠乘客才會出發，以確保不會虧錢。也許有些香港人也曾像我一樣，想繼續支持紅 van 營運，但車子就是一直也開不出。今時今日，在香港坐車要先擠在站內待著擠上車，人人排隊擠地鐵站擠巴士站；反觀有軟墊座位、十六座的紅 van 那麼快就被排除在外，變得冷清甚至多餘，給人莫大的惋惜。

所以，如果大家在香港仍看到紅 van 的話，不妨把握機會嘗試多搭一點吧。我會建議喜歡體驗外地生活的旅人，遊香港時把搭紅 van 排在行程裡，當作本地體驗。不過，緊記一定要先學會叫下車！因為紅 van 的另一特色就是都用叫的。叫「下車」也是一種技巧，倘若聲音太小或說得不精準，就要其他乘客來幫你解話了。一旦遇上暴躁的司機，叫錯下車說不定還會怪責你。雖然如此，叫「下車」卻是舊年代每個香港人成長必學的生存之道。外國朋友試搭紅 van 前，可先學用廣東話在特定地點叫下車，例如「過咗燈有落」（過了交通燈後下車），或是說在某地標「有落」。如果直接講「有落」（音：jau5 lok6）的話，就代表你當下就要下車。司機有可能會急急煞車，也就會嚇倒大家了。雖然這聽來是蠻緊張的過程，但也無容置疑是很道地和難忘的香港生活體驗。

坐上穩妥的叮叮車

雖然說今時今日在香港遊車河甚困難，但我近年居然找到了一種類近遊車河的體驗。那源於一天在家中工作實在太累，希望出去看看書，但不知道附近哪裡有不趕人又安靜的地方讓我閱讀。正當那種幽閉感逐漸蠶食精神時，我突然想到，不如去搭電車（路面電車）呼吸一下戶外空氣吧。傳統的電車並沒有冷氣，所以都會開著窗以確保車廂空氣流通。每當電車開動時，吹進車裡的風，就讓人想起小時遊車河的感覺。有趣的是，電車相比起其他路面交通工具，其實開得特別慢。我現在靠坐電車來回憶遊車河，似乎顯得可笑。不過，港島尤其是中西區參差不齊的大廈密集，有不少縱橫交錯的小巷，而電車的路線靠近海邊，再加上路上的巴士和各種快車與電車常常緊貼著身子擦過，之間產生的風力可不能小看。後來，我更開始在非繁忙時段，坐在電車上看書。電車於我來說，便是雙重的可貴。一方面讓我重拾一點遊車河的感覺，看路上的風景；另一方面，給予我在城市裡慢下來，靜待的空間。想真一點，在鬥急鬥趕的香港城市，徐徐的電車根本已是另一種意義上的交通工具，不屬一般的通勤選項。

電車是二十世紀初的產物，只在香港島行駛，有獨特的「叮叮」響號鐘聲，因此得名廣東話的「叮叮」或國語的「叮叮車」。它懷舊的外貌與可愛的鐘聲，承載著舊香港人簡單生活的風情。「叮叮」無論如何也循著路軌的確定性，不會過站亦不會跟乘客鬥快的可靠感，彷彿提點著人一些原始的生活道理。

雖說臺灣的交通系統和體驗有很多值得香港學習的地方，然而，我知道港島電車的體驗，始終是香港的特色。傳統的電車始終最有味道，上層有些木椅，沒有冷氣但可以隨便開關窗，風雨太大的時候關窗就好。新式的電車有冷氣，反倒重複了一般交通工具冷氣太強的問題。更安裝了廣播系統，喋喋不休地宣布站名，讓人心情難以靜下。所以如果可以的話，我總會選舊式電車來搭。

呼吸與噪音的人間距離

我搭電車的發現或許是額外驚喜。近年香港人能再嚐遊車河的喜悅，我想應該大多只能靠旅遊。我還記得與友人在澎湖騎機車的環島遊歷。在藍天白雲下，沿著一個又一個綠油油的小山丘架駛，迎面的陣陣海風引誘著我們下山去海邊。有時，繞過小山坡會碰見一群黑羊。後座的人如果回頭看真點，會發現黑羊裡藏著幾隻優遊自在的黑牛。那時候，我在迎面的海風下仰對著陽光，閉上眼睛，嘗試叫感官記住當下，記住呼吸。

遊車河的體驗，好像跟呼吸的感覺難以分離。我們遊車河時，都會不自覺地深呼吸。我選擇去坐人比較少的電車，也是因為希望多呼吸幾口空氣。說實在，日常搭乘公共交通工具，呼吸也可能是充滿張力的行為。最明顯的例子是搭地下鐵。我曾在下班時間搭臺北捷運文湖線（棕色線）和板南線（藍色線），遇到擠爆車廂的情況。而香港的地下鐵更會因為人太多，連在站內通道也令人感到悶焗。

乘車時太過擠擁的話，便要與陌生人貼著身子，這時大家互相嗅到對方的體味或口氣也真是見怪不怪。談到氣味和呼吸，大家自然會想到生病的人在公眾打噴嚏和咳嗽的問題。近年，似乎各大城市也出現這樣的共通徵狀：越來越多人在乘搭公共交通工具時，寧願有事沒事都先戴口罩。難道，現在提點生病的人拿出公德心來顧好衛生變得那麼困難，害得要健康的人都忍氣吞聲嗎？那樣的都市生活，實在令人一想起就頭痛，沒生病的人也過得不舒服。

不過，雖說在臺北捷運也有擠爆車廂的情況，但至少不像香港，人們較少在車廂裡大聲講話，亦少有人會在車廂開擴音機。除了路上的風景外，聲音和氣味也能構成我們搭乘交通工具的身體記憶。如果環境平靜的話，那麼人體多少也可放鬆一點，呼吸的幅度也會提高，就像我們去兜風時會不自覺地放鬆和深呼吸一樣。

在香港乘搭交通工具，感官總被不絕的噪音圍攻。車內的廣播聲響好像總以蓋過所有環境聲音為目標，而其實搭紅 van 叫下車的挑戰也同樣是「鬥大聲」的道理。奇怪的是，現在很多交通工具都設有顯示屏幕，以中英文表明下一個目的地。我們是否還需有那麼浩浩蕩蕩的廣播聲音呢？臺北的公車除了有顯示牌外，司機也會拿擴音機宣布下一站的地點或對乘客作出廣播提點，不過那種聲音困擾仍沒有普遍香港交通工具的廣播那樣源源不絕，相比起來還算可以接受。

香港交通工具的噪音，還有一個經典例子，就是巴士的司機位經常傳出連司機也無法制止的控制板警示。嘟、嘟、嘟、嘟……拍子有如心臟跳動，永無休止，一旦停下又好像受到心肺復甦救了回來。嘟、嘟、嘟、嘟……那到底是什麼？是停車訊號？是架駛時的燈號提示？總之是非常積極的生命體。讓人訝異的，卻是在種種環境噪音以外，有些人還能接受在公眾環境安裝他們不能關上、聲音也不能調校的電視機。但還有比這更奇怪的：這些年，我們在香港的交通工具裡，遇到越來越多人不戴耳機去播放影片和音樂，自己還樂在其中！最後這點才稱得上是都市怪奇。

取回自己的節奏

生活的步調太快，湧入腦袋的資訊太多，徒亂人意的細節多不勝數。種種

的氣味和聲音困擾，無形地影響很多人的心靈健康。香港人的急和焦燥，甚至可能是環境在「打拍子」所逼迫出來，心裡就是無法有自己的節奏，梳理事情每一步的原意和細節。面對「壓力爆煲」的環境，有些香港朋友也就盡量不聊生活，想必是因為知道平常要麼不講，一開始講的話就會怨氣衝天，像打開了潘朵拉的盒子一樣。那不免令人想起意大利作家卡爾維諾 (Italo Calvino) 在《看不見的城市》裡對群體生活的形容。他在書中最後寫道，所謂「地獄」並不是未來的可能，而是正正存在於當下的日常，由我們的群體生活形成。逃離苦難有兩種方法。第一種方法對很多人來說都容易：接受地獄，成為地獄的一部分，直至再也看不到它。這種方法，不就似香港人時常要與環境聲響「鬥大聲」的暴力鬥法嗎？而第二種方法，像卡爾維諾所說，則帶有風險，須時常保持警惕和抱持學習的心：在地獄裡，尋找和學習辨認什麼人和事不是地獄，並設法讓他們繼續存活，給他們空間。

日常的交通體驗絕對是生活的重要一環，在我們還未意識到的時候，已編寫著身體換氧的節奏，譜下心裡對地方的感官印象。不知你在生活的風景裡，遇過多少群體生活帶來的衝擊？如果要你尋找和辨認，那麼你想讓以存活、給以空間的，又是什麼？

願我們在生活裡一旦遇上窒礙，都還有機會去兜個風，調順呼吸，找回思考的節奏，重新出發。

1 上世紀九十年代，電車都加裝了汽笛，但仍可發出叮叮的鐘聲。

時速八公里

màn pǎo
慢跑

paau2 bou6
跑步

走標
tsáu pio

亦修

我生於一個瘋狂的世代，大家都來來去去飛快地過生活，停不下來。當你抓到一個正在以馬達腳走路、一邊講電話一邊喝黑咖啡的人，問道：生活是一種什麼樣的速度？他們要不就是不鳥你，要不就是根本沒想過。這是一個很難回答的問題嗎？從早上匆匆忙忙地起床，上班上學，匆匆忙忙地用一個小時吃飯，又回到上班上學，而且想睡又不能睡，寧願喝咖啡把自己的魂魄搖醒，壓制自然生理的慾望，也不能被上司看到你在打瞌睡；下班下課，或許有些人會去健身房，在現代運動空間中鍛鍊身體，被觀看又觀看一下別人，然後再次回到那小小的生活空間，吃飯、洗澡、睡覺，等待下一個瘋狂的日子。生活的速度是什麼？時間控制住我們絕大部分的生活，仍在學校環境中打滾的我，常會感到下課不是下課，下班不是下班，回到家面對的事情，往往比在學校時還多，寫論文、準備上課教材、一堆助理行政瑣碎事，還有大大小小事情，讓你覺得不會有做完的一天。終於有一天，我拉開椅子站了起來，穿上運動鞋，就這樣出去慢跑了。要找的，或許就是屬於自己的速度吧。

很多人都會跑步，亦有種種跑步的原因。「跑步」有很多形式，因此也有很多說法。有人說「慢跑」，顧名思義就是慢慢地跑步；有人會說「練跑」或是「練走」，把跑步當作日常體能訓練，亦可能是參加馬拉松比賽的賽前準備；也有一種名為「健行」或「健走」，不太是「跑」的動作，而是快速地步行，速度不比跑來得慢，可加強心肺功能與調整呼吸能力；臺語中的「走標」實為跑步比賽之意，但也會用於形容日常生活中自己去跑步輕鬆，為個人休閒運動之說法。

活在香港與臺北之間，跑步成為連結兩地生活文化的活動之一。奔跑在城市空間是一件很有趣的事，沒有意想不到的風景，那些高樓、人、車子你通通看過，但當你穿梭於這些你以為不在乎的事情之間，你才會刻意去關注他們。不需任何電子設備，也不需讓大家痛恨的各種「使用者名稱」與「密碼」，單靠自己的身體去感受城市空氣的味道，同時也是一種尋找自身存在意義的活動。跑步讓我意識到兩城的不一樣，我從自己居住的城市出走，到達另外一個城市生活，夾在中間的心情，可以是同時屬於兩地，但另一方面亦是一種「哪裡都不是」的感覺。為了體驗在新的地方生活，我們往往嘗試繼續以前所做的一些生活習慣，我選擇了跑步。很多人去跑步都是對身心靈的解放，我要解放的或許是我對「家」的尋覓：我要回家，家在哪？要尋找，只好回到那些夾雜於兩城之間，有關跑步的記憶。

走看街景，串起記憶

臺北六張犁附近住宅與學校居多，傍晚約八點多垃圾車到達樓下義美，我也大概那時候從家裡出發，隨便穿的衣服與運動褲，一頭沒有造型的頭髮，慢慢向大安森林公園走去。才剛踏出門外，便是樓上的房客提著垃圾袋下來，身邊的人也拿著各式各樣的回收物，今天是紙類與平面物，也有餐館推著手推車，上面兩大桶廚餘，就這樣倒掉一天內人們吃剩的東西，人類的吃文化真可怕。走過臺北教育大學，雖然裡面有田徑場地可以慢跑，但我比較偏向往遠一點的地方去。北教大前的那一盞紅綠燈，我從來不理會，經過的其他人也不大理會，大家都習慣了。

回想在香港跑步時，也有一盞大家不大理會的紅綠燈。鰂魚涌是個很奇妙的地方。我們家在五年前從上環搬到鰂魚涌。鰂魚涌有住宅、學校、大型商業區、麗池舞廳舊址，大家都擠在這小小地區，中午時候吃午餐都要在餐廳前排隊排到天荒地老。晚上的街頭剩下街坊跟一些加班的人，我下樓跑步，在鰂魚涌外濱長廊入口始，走到「大酒店」（即香港殯儀館）附近，有一盞只有數步距離的紅綠燈，是通到在大馬路上的電車站，大家都不怎理會。走到海傍，那邊會有一排零散的釣魚人士垂釣。我真不知道他們在釣什麼樣的生物，那邊釣到的魚能吃嗎？

「澎！」對面巷子一臺爆米香車的米香剛好出爐的聲音，把我從鯽魚涌拉回和平東路上。有次爆米香攤老闆似乎跟他的員工起爭執，也是「澎！」的一聲，把塑膠椅摔在地上，那張椅子反彈飛到一旁的飲料店去。我走過一攤海產粥，生意仍十分好，顧客都是大學生居多。以前念大學部時都住在家裡，似乎沒多少跟同學一起去吃宵夜和回宿舍的經歷。回想起來，高中畢業後先在附屬學院念了一個副學士，後來直接升到大學二年級，三年級最後一個學期到加拿大皇后大學交換，真正在大學裡待的時間也才一年半，實在是來也快去也快，你問我還記得什麼，我只能回答，我們從古色古香的文學院，被逼遷到另一邊校園的「商業大樓」裡上課，當時大家都十分不捨，後來系所更辦了一場歡送本部大樓的聚會，可想我們是多麼珍惜那歷史的味道。馬路上有一個阿嬤在賣玉蘭花，沒有人要買，一扎一百塊。走到瑞安街附近，也才差不多十分鐘，走得滿自在，手上背上沒有帶著東西，我只帶著鑰匙跟手機，如果現在有人搶劫我，我也真沒什麼可以給他搶。手機遭搶的話，我會不會心疼呢？會吧，因為我就沒有歌可以聽了。

不過在香港跑步，比起聽音樂，我比較喜歡聽到環境音，尤其是在海濱長廊，除了汽車馬達聲，更有海的聲音。在進入長廊前的一段路，左右兩旁都荒廢了很久，不知道現在弄得如何。那一條長廊兩旁只有雜草、大塊小塊的石頭、鐵欄杆，除此之外什麼都沒有，卻有一種莫名的神秘感。明明就在我家後面的一塊地，我卻從來不知道它有什麼用途，或許在那建一座城堡也沒人管。進入了狗公園，就會有十幾隻沒有牽繩的狗在玩耍，從來不知道牠們在玩什麼，只知道牠們開心得癡癡傻笑。那些狗可能也看著我對他們笑，疑惑這個人類在幹嘛。我沒有養狗，自覺連我自己都照顧不了。牠們開心吠叫時，養主在旁邊做運動，或是跟其他人聊天。偷聽一下，內容不外乎是養寵物心得。怎麼不討論一下特首的髮型呢？這是中產鯽魚涌。

繞圈與直線，都是呼吸吞吐的路程

熱身完，以時速八公里開始環繞公園慢跑。大安森林公園是高物價大安區的地標，除了純粹的花花草草外，還有很多活在自己世界的居民。我習慣順時針跑，從和平東路開始，跑向新生南路，再轉到信義路，從建國南路跑回起點。但也有不少人是反方向繞圈，每一圈都會跟他們碰面一次，是可遇不可求的緣份。一邊跑一邊聽著環境的聲音，公車、機車、腳踏車、人們跑步的聲音，還有紅綠燈、風聲、熱炒店的歡呼、停車場口「警告有車」的聲響。跑了一圈半，靜心下來走走，原來在我身旁的城市真是有夠忙碌，也跟我在香港的生活差不多。我走進公園裡，趁著空氣仍然清新，跟樹木們一同搶氧氣。九點多時還有很多人，隨性地遊走在草地與樹木下。草被踩過的味道，跟著鞋子一起帶到城市裡。

相比下，香港海濱公園則是一條直直的步道，從北角的尾巴，連著鰂魚涌

與太古城對外的長廊，都是很多人來跑步的地點。維多利亞港就在旁邊，海風帶有一種黏膩感。前段地上鋪著木板，腳步踩重些就會發出不大自然的聲響，所以我每次都很想趕快跑完那段。夾在公園與海中間的是東區走廊，是香港島唯一的高速公路路段，從銅鑼灣直接連到柴灣。汽車在高速公路上跑，我在它下面跑，很像龜兔賽跑，只是故事是騙小孩的，烏龜哪有跑贏的一天。人是公園中很好觀察到的風景，有一家人在散步、有飛快跑過我身旁的練跑選手、有跟我一樣速度在跑的、應該跟我差不多年齡的年青人，也有在慢走的中年婦女，各人的喘氣聲各異，拼在一起，是一場跟速度有關的奏鳴曲。走完太古城後面的路段進入利景灣，看到幾間酒吧，不知道現在還有沒有人在歡暢聊天呢？拐個彎，就看到一條直跑的路段，沿著愛勤路旁跑到筲箕灣公園。我跑完這一段，休息一下，在這裡感受寧靜，回頭，返回最初來的地方。當我回到那些還沒釣到魚的釣客身旁，我才發現原來我還是很喜愛這個城市。這是我在鰂魚涌的家。

回家

停在和平與建國路口的機車與汽車，都在看著我「大汗疊細汗」，準備要過馬路回家，回到我在臺北的家。跑了幾圈後，腳開始不自主地發抖，別人應該也看得出來。綠燈來了，車子跟我一同前進，迎面而來一群看似文化大學夜間部下課的同學，他們也要回家，還是要去跑個步。瑞安街有一家不錯吃的湯包店，也有賣燒賣，不過還是港式點心的燒賣最好吃。不對，是在香港的港式點心的燒賣最好吃。到達操場，他們剛好要準備營業；隔幾間的Subway則準備關門。我又走回到熟悉的北教大，對面的這條巷子，每家餐廳我都吃過一次了，最近在煩惱還有沒有新地方可以試試看。過個馬路。那間診所怎麼還有人在看病，人類是有多脆弱。轉進巷子，看到那鐵門，拿出在口袋裡搖晃了很久的鑰匙，一聲「咔鏘」，我回家了。這是我在臺北的家。

身體律動，是感受自己在城市中生活的速度。面對這樣瘋狂的城市，以時速八公里觀看與聆聽在城中未被感受的細微律動，是在尋找熟悉與安穩的居所。雖然人在臺北跑步，但我思我想的，還有香港。我雖然是一個人跑步，但家卻不只有一個。

PART 2
交會的那些人事物

燒著，烤著，便長大了

亦修

現代的「燒烤」很國際化，有韓式烤肉、美式烤肉、日式串燒，或居酒屋之類的餐館，引進先進國家不同形式的菜色與烹煮方式，讓烤肉變成一頓充滿異國風味的大餐。不過燒烤不一定只靠國際化的名氣才著名，它也擁有在地的形式。若能把年少的記憶挖出來，相信每個人都有那一段與老同學、老朋友一起烤肉的回憶，而所進行的方式一定是簡簡單單，能立刻浮現腦中：一個爐頭，一堆木炭，幾袋肉片、蔬菜，一瓶蜂蜜，一罐沙茶醬，加上一手啤酒，幾個陽春的塑膠杯，便是一個美好的燒烤夜晚。

各地稱呼把食物烤熟的行為用詞各有不同。廣東話通常會講「燒烤」，或是更白話地說「燒野食」（siu1 je5 sik6），就是把食物燒熟的意思，漢字「燒」意思為「火也，然也」，跟國語講的「烤」有相近的意思，不少情況下廣東話用「燒」，國語就會相對地用「烤」字來表示，像「燒粟米／烤玉米」、「燒豬／烤豬」、「燒雞／烤雞」等。至於臺語會稱烤肉為「烘肉」。從字面上來看，「燒」、「烤」、「烘」都以火為部首，靠右旁的聲符「堯」、「考」、「共」發音，很多的煮食動詞都以這樣的方式造詞，如廣東話的「焗」、「燜」，臺語中的「炕」，像一般餐廳寫的「控肉、爌肉」的本字就是「炕」。各地都用上相似的造字方法來表示相似的動作，雖然用字不一樣，但背後的造字思維是相似的，都跟以火煮食有關。而各地的煮食工具亦有不同的有趣名稱，臺語常用「鼎」（tiánn），廣東話有「煲」（bou1，如「煲仔飯」），客家人有「鑊」（vog5，四縣客家話），國語則稱「鍋」。這些煮食的工具，都常在我們日常生活中出現，看似平平無奇，卻蘊含著無比的地方文化特色。

燒野食，度青春

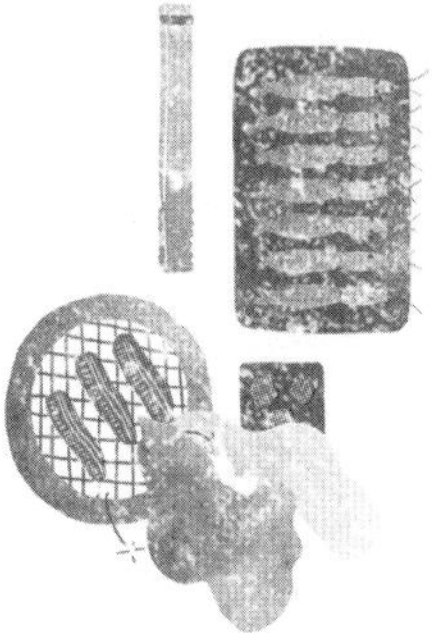

在香港，大家經常會約三五知己去「燒野食」，大多約在比較近郊的地方像郊野公園、海邊等。大家準備好材料便會分工合作，有經驗的人會以黃金比例排好木炭，放入炭精與點燃的報紙，然後便是歷時二十分鐘以上的搧風作業，聰明的人會拿放肉與食材的大木板，搧著要燒不燒的火種，等到木炭稍微有燒透的跡象，再於火種旁邊加上小塊木炭，便可以準備來烤肉了。另一群人當然也不能閒著，有人會用長型燒烤叉串起事先醃好的豬排、雞排，或是腸仔、紅腸、魚蛋等；有人會準備錫紙，放上金菇菜（金針菇）與冬菇等，丟進幾塊牛油，包起來，等等可以直接塞到炭中燒；懶惰一點的人會準備一個烤肉盤，直接在上面放厚牛排，等等在炭火上直接做鐵板燒。肉快要烤熟時，可以塗一層厚厚的蜂蜜，是燒烤最基本增加風味的方法，也因此常招來狂蜂來搶蜂蜜，這個時候只能跟大自然共存，也是把本來屬於蜜蜂的產物還給牠們。吃完喝完，再烤個麵包跟綿花糖。大家坐在那聊天，一兩個小時都不覺得累，聊聊學業，聊聊男女朋友，聊聊性事，聊聊未來。

十八歲的那年生日，是我第一次在海邊過生日，陪伴著我的就是「燒野食」。一群朋友，一堆沙，一雙雙人字拖，還有為了慶祝生日而第一次喝的那瓶氣泡酒。坐在海邊吹著風，聽著海浪的聲音，圍著溫暖的炭火，那時候覺得身邊同學們、朋友們的祝福是永遠的，相信未來只會越來越好，希望可以維持這樣的生活態度一直活下去。我們還算年青，沒什麼包袱，想大喊就大喊，想吃什麼就吃什麼。那時候哪會懂什麼時尚，什麼得體，大家隨便穿，隨便吃也不會胖，隨便聊也不介意旁邊的人會否在意。燒野食就像成人禮，代表這群朋友永遠都會參加每年一度的「燒野食」生日會。可惜長大後才發現，有些承諾不得不敗給現實。誰會想到過了五年，可能沒有一個人還留在出生的地方，或許為了實現理想去了更好的國外學校念書、工作，或許到了沒有人知道在哪裡的土地當個無名的老師，或許，已經不在了。當我們很想再一起燒烤時，那個十八歲的沙灘已經不見了，剩下的可能只有滿滿的回憶，跟那些被我們啃完的骨頭。

月已圓，人相聚

多年前來到臺灣，我也在臺灣人身上看到對烤肉文化的重視，尤其在中秋節可以看到大大小小的人群圍在店鋪門口，燒起炭火，或是一家人在巷子口，蹲在路邊烤起肉來。若是在一整條街上都是店鋪，就可以看到一整排的爐火跟蹲在地上的人們。他們準備的爐火也十分簡單，搭幾塊磚頭，擺上鐵絲網，等火燒起來就可以烤了。有次中秋節我經過和平東路三段，要去朋友家烤肉，看到有位雜貨店的阿嬤，在她店門前，自己一個人也烤起肉來，兩個磚頭，一小點火種，網上只有兩三片肉片，人們經過心中可能會冒起「為何」兩字，但這就是一個「無論如何都要烤就對了」的概念。跟香港的烤肉文化不一樣，臺灣比較不常用燒烤叉串著食物，而是直接把肉放在網上，烤完後塗上像沙茶、醬油等不同的醬料。為什麼中秋節一定要烤肉呢？有一說法是可能跟從前一個烤肉醬電視廣告有關。不論此說法是否正確，中秋節烤肉已經成為現代人的「傳統」，也是各方同學、朋友與家人共同聚餐的機會，即便是久久未見的，大家看到彼此也不會尷尬。當然不是每個人都像阿嬤這般「硬要烤」，但中秋烤肉似乎成為了一種共識，比起賞月、吃柚子，烤肉更有臺灣味。

我第一次在路邊烤肉，應該是來到臺灣的第二年，就在一位賣衣服的朋友店門前搭起燒烤架子。我只認識兩三個朋友，其他十餘人都是經朋友介紹，或是旁邊賣小食的店老闆與員工，互不認識的大家就在熊熊火堆中燒起熱情來。這種時候實在有太多機會聊天了，通常在生火的時候總會講些有的沒的，在準備食物或倒飲料時，少不了也會聊幾句。大家看似沒有太多共同處，但聊下去會發現大家都在努力生活。人長大了，對與自己沒有關係、或是跟自己生活對不上的人有時候會起戒心，也抗拒跟他們作朋友。我們對世界認識更多，自然看到不好事情的機會就越多，常常把自己的保護圈擴大，就像我們看到以前同學或朋友做保險、直銷等工作時，會慢慢疏離他們。不知道在中秋節烤肉，大家是帶著怎麼樣的心情來認識新朋友？我自己也十分好奇。

長大了，不一樣了，還想再約一次燒烤

想到自己隻身來臺念書，當初的心情是一種任性，也是十分害怕。除了害怕一切務實的事情，包括生活、學業以及健康，還有怎麼離開成長多年的家人、朋友與同學，離開與自己一起成長的伙伴。在我們的時代，出國念書與工作雖然是家常便飯，現在交通如此方便，香港與臺灣又是如此近，有很多機會可以回家，但踏出那一步後，或許就不會有回來的一天。是預計到香港的巨大改變嗎？當時好像又沒有這樣的想法。或是覺得在香港生活壓力太大嗎？那時候剛大學畢業好像也沒想到那麼多。在我心裡，每個人都有嚮往的地方，去到了一個具更大挑戰的地方，可能是我的目的。在我離開後大概兩、三年，幾個在香港最要好的朋友都出走，每人都抱著不確定的心情，跟我一樣，把握時間去完成某些事情。記得我在臺灣的第一、二年，朋友們紛紛來到臺北旅遊探望我，後來慢慢大家也都過著各自的生活了，比較少來臺北。生活成為了我們的日常，我們有自己的工作與生活圈子。我們會回味那十八歲的燒烤，亦期待下

一次的燒烤。

成長是一件很費力的事，要懂得計算很多條件、優缺點、利弊、期許，很煩。而陪伴你成長的朋友也一樣在計算著他們的成長，現在跟你十分要好的人，未必會無條件地繼續跟你過剩下的生活，你也不能奢求身邊的人都會圍繞自己打轉。人長大了，身邊的事物也跟著改變。年青的時候，不管坐在沙灘上簡陋的小椅子，或是直接坐在騎樓的台階上，只要是跟老朋友一起聊天吃東西，都覺得無比愉快。過了幾個年頭，人又長大了一些，看看身邊的人，還剩下幾個從小到大一起成長的熟面孔呢？新的一塊肉還可以放在炭火上多久呢？要在剛好熟度的時候吃才是最好吃，能留在記憶中最久的。

一起烤肉的大家，也不必在乎誰烤得比較好吃，也不必在乎食材有多高級，可能我們想烤肉的原因是為了看看一同成長的伙伴吧。從前幾個高中生出來烤肉，現在各自遠颺，有人在國外工作，有人已經有自己的小企業；有人結婚生子，有人仍然單身；有人是律師，有人過著自由工作者的生活。若有機會再次約烤肉活動，大家的臉孔也許都變了，也有人已經帶著小孩，大家聊天的話題也不一樣了。改變是可惜，還是一種成長呢？有誰會懷念年少時的朋友呢？自己還會懷念以前什麼都不在乎的自己嗎？現在的我們在乎什麼樣的朋友呢？

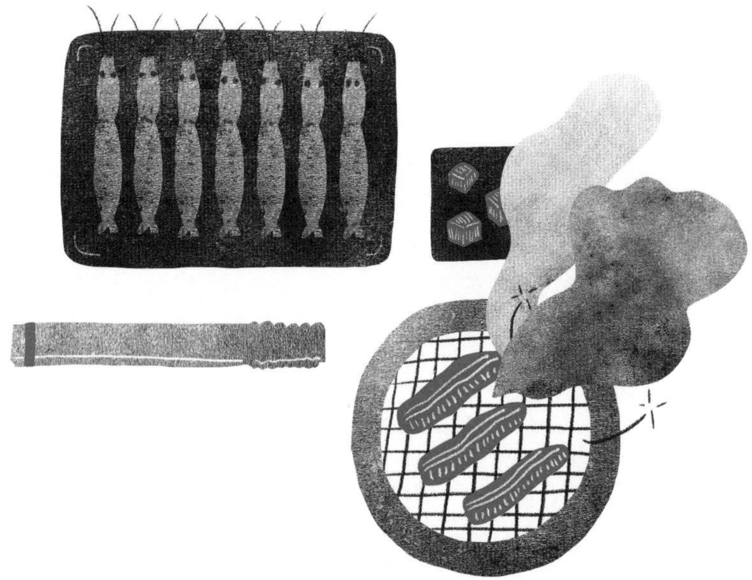

速食抑或長情？

chī huǒ guō
吃火鍋
daa2 bin1 lou4
打邊爐
吃火鍋
tsiáh hué-ko

心橋

曾幾何時，吃火鍋只屬冬季做的事，是冬季的重點消遣節目。那些年，多少人曾因為想吃火鍋，心裡密切期待冬天的來臨。今時今日，在科技先進的消費社會，吃火鍋基本上已不用分季節了。不論是在臺灣還是香港，我們除了可在家裡弄火鍋外，一般也不難在城市裡找到火鍋專門店。常聽說，越容易得到的東西人就越不會珍惜。若是真的，吃火鍋可能算是罕有的例外。

火鍋普遍受歡迎，因為它充滿彈性。從湯料到食材，全都可由食客自己決定。即使一大群人吃而各有喜好也不要緊，總有能滿足自己的選擇，大家都可心滿意足。一起點菜，把食材下鍋，慢慢吃慢慢聊，整件事又是難得集體做決定的體驗。食材要煮多久、加入食材的次序、什麼要等到最後大家差不多吃飽才下鍋、哪種食材最好別泡多於十秒……不難猜想，有些緊密的群體會建立出自己一套吃火鍋的潛規則。你不會，就很明顯代表你是外來參與者了。

哪兒來的打邊爐

不知道多少臺灣朋友曾聽過香港人談火鍋的時候，衝口而出講了「打邊爐」？這個廣東話說法，我想著想著也覺得很逗趣。到底為什麼人家說「吃」，我們說「打」？「邊爐」是形容爐具嗎？有一次，我跟友人打邊爐時展開了這段推測：我們現在吃火鍋多用電磁爐，但更早以前，我們通常用卡式石油氣爐。用過的人就會知，那時候吃火鍋，中途因為氣罐沒氣、火熄了要換罐屬平常事。然而，開火卻是考運氣的事情。有時A君開了幾遍也生不了火，正以為是因為石油氣罐沒氣時，讓B君來試一次卻又立即生到火了！「打邊爐」的「打」，會不會跟這個扭動開關掣、釋出氣體生火的動作有關？這不就跟「打火機」的概念相似嗎？而且，石油氣罐都安裝在爐「邊」呢！

這純屬我們猜想。事實上，我嘗試翻查「打邊爐」這廣東話說法的根源，就發現它早於一九二〇年代寫成的《廣州語本字》裡有所記載。那時，社會上根本還未出現卡式石油氣爐吧？所以，剛才提到的猜想，不過是把一堆巧合串連了起來。可是，九十年代吃火鍋時開火的步驟，必屬我們的集體回憶。現在這種石油氣爐在香港火鍋店已式微。不過我早前在臺南吃沙茶鍋，用的也還是卡式石油氣爐，感覺別有一番風味。

關於「打」的用法，有種解釋是廣東話裡「打」有「拿取」的意思，例如從前的人會說「打魚」（釣魚）、去井口「打水」（取水）；「打」某程度有找吃的意思。至於「邊爐」的解釋有很多。有指「邊」的本字其實是「甂」，是中國古時用來煮食的小瓦盆。《方言·第五卷》裡記載：「甂，陳魏宋楚之間謂之題。自關而西謂之甂，其大者謂之甌。」但到底古人用這種小瓦盆煮食

時，跟我們吃火鍋有多相似？這還有待考究。另一邊廂，《廣州語本字》則解釋「打邊爐」為「圍罏而食」，用的爐「廣雅邊方」，人們進食時會「置罏於左右」。除了方邊爐較難想像外，這個畫面還算貼近我們吃火鍋的情景。

今時今日，兩地的火鍋種類都很精彩，各有千秋。遊客到訪臺港兩地，都不難找到有名的火鍋專門店來體驗。但我發現，香港有一點跟臺灣很不同的，是少有一人火鍋。這可能也關係到空間資源和地租問題。香港食店面對租金壓力，一般不歡迎食客逗留太久。一人火鍋使食客消費的週轉度減慢，在香港可能難以經營。臺灣的涮涮鍋，相比之下就有種淡然的小確幸——即便是一個人也可享受吃火鍋的樂趣，悠然吃一頓；倘若結伴去吃，大家同檯而坐各煮一鍋也是有趣的聚餐形式。畢竟把食物丟進湯裡，邊煮邊吃，是難得可讓人動動手和發揮一點創意的進食體驗。這種食法，來到消費主義的年代更是百花齊放了。

另類圍爐的緣分

假如你是香港流行文化的粉絲，必有印象在香港「打邊爐」還另有所指吧？你可能會想起電影《志明與春嬌》裡上班族一起「打邊爐」的情景：從事不同工作的人大白天在街上圍在一起，共用一個垃圾桶上的煙灰缸。情景就似一群人在吃火鍋一樣。這種都市現象，源自香港政府在二〇〇七年全面實行室內禁煙。自那時起，一般辦公室、食肆、以至公眾場所的室內空間都再容不下煙民。寂寞的上班族煙民，也許都希望藉抽煙而暫離既有環境，讓自己「呼吸」、放鬆一下。自從立法室內禁煙後，煙民更可名正言順地跑遠點到室外去，或可借「打邊爐」來結識新朋友，甚至新情人。這種「打邊爐」抽煙的文化，更好像方便了這個年頭講求即時、隨性的人際交往。《志明與春嬌》的故事，也就是基於這種社會環境，拼湊出七天內情侶間的離與合。

有趣的是，「打邊爐」抽煙象徵的「速食」社交文化，正好與傳統吃火鍋「打邊爐」的社交文化形成強烈對比。吃火鍋多講求群體互動，大家慢慢來吃一頓飯，建立交情和默契；不似抽煙的「打邊爐」，一般不能約個確實時間，每次遇到誰是看緣份，亦不必太認真。

這種傳統象徵冬季消遣的進食體驗，其國語和廣東話的說法差異，竟令人聯想到處理關係迥然不同的態度。香港的煙民「打邊爐」是一種即時、隨性地減壓和抵抗寂寞的活動；傳統吃火鍋的社交消遣，則是一種建立長期歸屬感、需時建立的體驗。而吃火鍋的文化一直在兩地歷久不衰，更見越來越多創意火鍋料理和服務出現。想想看，與香港都市人在街頭「打邊爐」的文化象徵相比，吃火鍋「打邊爐」也許可歸納為人類行為學裡「長情」的經典案例。

擦不走的知識痕跡

亦修

bǎn cā
板擦
fan2 caat3
粉擦
拭仔
tshit-á

存在感十足的黑板

當我還在念小學的時候，對教室中的物件充滿好奇。學校教室有著奇妙的空間感，仿如走進異地，跟遊戲機裡面的虛擬世界沒兩樣。在這空間中總有著家中不會出現的東西：大型設備，有永遠都是髒的抽屜桌子、顏色根本就不黑的黑板（廣東語會稱此顏色為「鴨屎綠」）、理論上可以往上捲卻因損壞而動彈不得的百頁窗簾；小設備則有不會滿的聚寶盆垃圾桶、陽台上步向死亡的盆栽、與那藏於老師口袋中用來套住粉筆，讓人寫字時不會弄髒手的「粉筆筆套」。而教室裡唯一的權力象徵，就是那根本不是黑色的黑板，配上老師手上那隻粉筆筆套，像死亡筆記一般，任何寫在黑板上的事情好像都會具象化：誰是值日生、誰要留堂、誰要見家長，今天有合唱團練習、朗誦練習、游泳練習等，大家都會乖乖地、傻傻地去遵守。教室中的東西都有種殘缺感，黑板卻永遠是真理。那是一個黑板當道的黑色時代。

到了中學，我就讀於全男校，與其說教室是上課的地方，不如說是學生展示權力的空間。空氣中充斥著男生打完球濃厚的臭汗味，桌上鋪滿不知名的電子玩具，置物櫃中藏的並不是書本，而是籃球、襪子與附近女校開放日的傳單。櫃子旁邊的黑板留著上一堂課苟延殘喘的字跡，掛在板上的粉被怪風吹起，為放粉擦的凹槽蓋上一層白茫茫的雪景。文字是脆弱的記憶，粉擦無情地一抹，黑板上剩下的粉還有什麼值得留戀。中學時代黑板的命運也只不過是過眼雲煙的便利貼。

黑板的基本權力仍然保留，但有時候當粉筆臨到學生的手裡，就變成另一種用途，它不再是老師專用的權力工具，而變成校內大小無聊事情的公告板。男生最愛寫誰誰暗戀年青女老師、社團最愛把搞笑的活動寫在右側的值日生欄、懶惰的大家會偷偷把右側課表欄填上錯誤的課堂，數學老師進來看到此時段是「英文」，也真的乖乖地打退堂鼓。考試週大家約定把粉筆都收起來，不讓老師寫上時間；而扔粉擦更是家常便飯的活動，教室中好事情壞事情統統跟那一大片黑板有關。

中學時代，也曾經是同學們一段相互欺負的時光。有一次我跟幾個朋友在黑板前聊天，突然有幾個同班同學走過來，莫名奇妙地講了些難聽話，我的一位朋友突然氣到理智線斷掉，拿起粉擦使勁往他頭上打，瞬間白粉紛飛，都看不見眼前的人了。回過神來，一頭白頭髮的人就站在眼前，看著手上的粉擦，看看對方，回過頭看看我們，又再看著手上的粉擦，再看看他的頭。回想起來還不知道哪來的勇氣跟創意，原來粉擦也能瞬間成為武器。

大學時代，總會好奇黑板底下的櫃子裡藏著什麼機密，可能藏著老師用過的杯子，或是一堆零零散散、常有人忘記帶走的隨身碟。打開最旁邊的櫃子，有一臺板擦機。「板擦機」原理類似吸塵器，把板擦上的粉吸乾淨，擦黑板時就不會抹出多餘的白色粉末了。板擦機發出的聲音很大，有點像吸到地毯的吸塵器的聲音，如果在課堂上用應該大家都會忍不住轉頭注目。有趣的是，平常我們說「洗衣機」、「吹風機」等機器，都直接會以「功能」加上「機」來稱呼機器，但「板擦機」則不是取自其功能性，而是以它服務的對象，要讓板擦變得漂漂亮亮。看來大家對板擦滿尊敬的，給它女王般的享受。

留下筆跡、擦拭，與覆寫

說到粉擦，在臺灣通常叫作板擦，顧名思義為擦黑板的工具。「擦」在日常生活中的用法多是動詞，像擦桌子、擦地板等，同時「擦」也可作為一個工具，像廣東話中的牙擦（牙刷）。廣東話的粉擦，意思則為「擦掉粉的工具」，為了表示其常用性及小型的體積，人們通常會把「擦」的尾音拉高，其他例子像「魚滑」（魚漿）、「鹹魚」等。臺語稱為「拭仔」，或是「烏枋拭仔」（黑板擦仔），「拭」是動詞「擦」的意思，加上小稱詞尾「仔」成為一種擦拭工具。

順帶一提，在臺灣街上常看到的食物「板條」，國語念的「板」，其實其本字為「粉」。「粉條」意思就是用米磨成粉，然後造成條狀的食材。在臺語與客家話中，很多國語念ㄈ的字都可以念ㄅ，像「飛」、「放」等，「粉」也是一樣，只是現在很多人都不知道這讀音可以寫成「粉」，因此以借音字「板」來取代。說不定粵語的「粉擦」跟國語的「板擦」也一樣，是出自同一個造詞概念。

雖說粉擦可以擦掉粉筆字，但無論擦得再怎麼仔細，還是一定會留下劃過的痕跡，寫過的字不見了，換來一整片白粉。粉擦不是唯一用來擦黑板的物件，所有在老師手邊的布狀東西都有被拿來當粉擦用的危機：抹布、手帕、衣服以及老師的手，而且老師用手抹掉粉之後通常會拍在褲子上，結果全身都可能留

有粉筆跡了。粉筆上的粉換了排列組合，從一個個字，變成零散的一堆粉末重新出現。有些東西經過了時間，只是以不同方式出現而已，但我們卻以為新東西面世，或以為它已經消失。黑板的權力隨著不同的時代變遷，初始的當權者使用黑板作為教化工具，大家在小時候都可能相信它的權力。慢慢地，我們意識到黑板也可以用來表達自己的意見，便會多加利用粉擦把前朝的權力知識轉變，寫上我們自己的小歷史。

從香港來到臺灣，為了適應文化與環境的轉變，我用了好多好多次的粉擦，每一次都抹除過去記憶與體驗中的粉，在白白的底上再次寫上新的事物。在這塊在我求學過程中的青春黑板上，記載了自己對港臺兩地的感情升溫與降溫，經歷了數場歷史性的學運與社會運動，還看見了亞洲性平運動的發展。念完碩士班，我從未想過會繼續在臺灣求學，沒想到自己的研究會跟臺灣如此相關，同時我又回望自己怎麼看香港的家和香港的文化，想必這塊到處都是白粉痕跡的黑板也感到疲倦了吧，但這是生命的跡象。從前老師在黑板上寫什麼，我會統統抄在筆記上，是典型的乖學生。上了大學及研究所，我就沒有這麼做了，一來因為電腦實在太方便，用打的比寫的快；二來因為黑板上不再是死板的硬知識，而是一個個關鍵字詞，有待我們自己領悟。例如以前上比較文學的課，教授在黑板上寫了：Charles Baudelaire，一個法國現代派詩人的名字；quotidian，日常生活；representation，呈現、再現；羅素街，一條香港街道的名字；Hong Kong，我的家。這一個個關鍵字連結著我們對世界、藝術、人類的視角，黑板上的世界已經不夠滿足我，在黑板以外的世界才是更值得關心的。沒想到，長大後自己也有機會教書，對著大學生們講我的學術研究，我拿起粉筆寫起字，在黑板上寫些字詞，畫些很醜的圖。經過一個小時的課堂後，學生們都差不多離開了，我拿起粉擦，在機器上磨一磨，那個聲音仍然巨大，當教室中沒有人了，聲音更顯響亮。往黑板上一抹，我寫的字詞都不見了，留下一道白色的粉筆痕。下一個老師或同學進來，大概也在猜想我原本在寫什麼吧。

這些生活小品就是從小記住，不會忘記。什麼是三角函數我真的忘光光，但小學到中學的黑板我卻一直記得。這些無關痛癢的生活小物一點一滴形成回憶的綠洲，是母語與母語文化帶給我們的恩物。不同的造詞方式造出「板擦」、

「粉擦」與「拭仔」，語言不一樣，或許對教室中的生活體驗也不一樣。不過一提到粉擦，想起老師常忘了拿走的粉筆筆套，想到那被粉擦爆頭的可憐同學，回憶就這樣印在青春的黑板上。現在大學中很多教室都已改用白板與白板筆，也漸漸聽不到用粉筆在黑板上寫字的點狀聲音，粉擦的白雪紛飛景象也只可遇不可求。

泡麵裡的人情味

心橋

一天，工作室一位伙伴親手為我奉上一小碗泡麵。

我並不吃泡麵，已戒掉了這個喜好好幾年了。泡麵對我來說，總是與宵夜掛勾。可能因為以前大學時期熬夜工作，總覺得要吃點熱的才可以讓腦袋繼續轉下去，而深宵最簡便的熱食就是泡麵，是那樣的關係吧。

我也曾經有瘋狂吃宵夜的日子。還記得在大學時期，不吃辣的我居然因為認識了一群韓國朋友而愛上辛辣麵（臺灣稱「辛拉麵」）。半夜吃的時候辣到額頭冒汗，但之後工作好像更精神，彷彿成癮。後來，大學學會裡的「莊友」（即同儕幹事）還教我要在麵裡加芝士，讓芝士在辣湯裡慢慢溶掉，簡直有芝士火鍋的神髓。不過，那樣放肆地無視腸胃的負擔，始終會帶來後果。

畢業後我正式成為上班族，晚上加班第二天還得早起的情況令人沮喪，加上腸胃好像開始懂得發警號投訴，便漸漸失去了吃宵夜的意慾，亦盡量減少晚上工作的可能。開始避免熬夜後，連吃泡麵的原因也消失得無影無蹤。不熬夜、不吃泡麵，在現今社會聽來想必是天方夜譚吧？

所以，我要習慣在社交場合唐突地拒絕吃泡麵。在香港，很多趟我都過關了。假如在茶餐廳，友人說想點「公仔麵」或出前一丁一起吃，我都會婉拒，說要點更好吃的湯通粉。只是，我沒想過有一天，會有人親手奉上一小碗泡麵叫我試試。

吃，不吃，這是個問題

那天在臺南的工作室，一位伙伴說要煮炸醬麵，問大家要不要吃。基本上沒人拒絕，唯獨是我。大家很好奇地問我為什麼。是否已吃飯了？真的一點都不吃？又到了那種必須解釋的時刻。我這樣說：「不用了。想來，我現在應該每年也吃不到一兩次泡麵呢。」整個工作室的人都感到非常訝異。我聽到大家都把手上的工作停了下來。此刻，眾人的目光都轉向了我。大家問我，有沒有吃過臺灣的泡麵，我發現自己除了零零星星吃過一兩個杯麵以外，也確實沒很認真地吃過什麼品牌的泡麵。於是，煮麵的伙伴堅持要我試試看。還記得當天因為太多人要吃、麵條不夠的關係，他用了另一種麵條拌炸醬麵的醬來給我試試看。一吃之下，我領會到那醬料的香，當下把那一小碗吃完。工作室的朋友跟我笑說，日後想試的話，還有很多臺灣泡麵給我慢慢試呢。

我覺得我的臺灣朋友對於泡麵的熱情很可愛，亦意識到臺灣有不少流行的泡麵都是「MIT」（臺灣製作，Made in Taiwan）。不過，工作室的朋友說，香港茶餐廳的「公仔麵」也很不錯啊！說起來，香港的「公仔麵」的確也是本地品牌，確實有「Made in Hong Kong」的驕傲。雖然我們流行的泡麵除了出前一丁以外，大部分都是進口品牌，但主流的數款公仔麵，始終是本土出產。

千變萬化的公仔麵

為什麼香港的泡麵會叫「公仔麵」？廣東話裡，「公仔」是洋娃娃的意思。我們有一款泡麵叫公仔牌。但這些線索之間，有什麼關係？還有，我們說「公仔麵」，其實泛指所有泡麵。到底是為什麼？

原來「公仔牌」是香港首個泡麵品牌，於一九六八年創立，它在香港快速流行起來，大家叫它「公仔麵」。或許因為如此，香港人便習慣了以「公仔麵」泛稱所有陸續上市的泡麵，連後來在香港很受歡迎的日清「出前一丁」，我們也叫公仔麵。有趣的是，這種講法不能說是完全錯，因為公仔牌於一九八九年被日本日清株式會社收購，但品牌名字和標記得以保留。於是，出前一丁和公仔麵就成為同門親戚了。

因此，「公仔麵」是香港獨有的稱呼；在臺灣，國語跟臺語普遍叫「泡麵」，國語裡還有「速食麵」、「方便麵」等叫法。香港第一個泡麵品牌決定了香港人對泡麵的稱呼，但這個情況似乎沒有在臺灣發生。臺灣的首個泡麵牌子應該是「生力麵」，比香港的公仔牌要早一點，於一九六七年推出市場。不知是否因為有很多泡麵牌子湧現，市場競爭巨大，生力麵並不像公仔麵那樣有感染力，後來亦漸漸退出了市場。我讀著資料更發現，其實臺灣和香港首個泡麵品牌都由日本引入生產技術。日本是泡麵的發源地，日清食品集團的創辦人安藤百福是「泡麵之父」。只是，這位泡麵之父其實生於日治時期的臺灣嘉義，原名吳百福。他在第二次世界大戰後歸化日本成為日籍人士，其後創業取得了空前成功，把泡麵這種食品工業發揚光大，傳到世界各地。從泡麵找到了臺灣跟日本之間有這絲微妙的關係，始料不及。

今時今日「MIT」的泡麵種類繁花似錦，香港本土生產的公仔麵品牌又怎樣？香港是個小城市，市場規模自然難以與外地比較。我們本地的公仔麵品牌數量相對較少，但在用途上卻衝出了家居，算是有別一番成就。本來待在市民家中，甚至是深宵食品的泡麵，在香港居然走進了餐廳，成為道地香港菜的一個代表！不少遊客來港會去茶餐廳品嚐，而公仔麵的款式也發展出多樣選擇。

香港茶餐廳的公仔麵不只有出前一丁。如果想吃出前一丁的話，便應指明要「丁麵」。如果點麵時沒說明，通常就會得到一種茶餐廳常用的公仔麵，叫「大光麵」。它的麵身比流行的出前一丁更硬和粗糙。所以，要的是「餐蛋丁」還是「餐蛋麵」，下單時也得說清楚。大光麵跟公仔牌的公仔麵和香港版的出前一丁一樣，是由香港廠商製造，是時至今日罕見的「Made in Hong Kong」食品，能成為香港道地食物，也是實至名歸的。

香港有著獨特的泡麵文化。茶餐廳的泡麵有不同配料和湯汁選擇，像沙嗲牛肉、五香肉丁等，都很受歡迎。除此之外，還可找到各式「撈丁」——即把煮好的出前一丁麵取出，然後混入個別調好的醬汁去吃（廣東話「撈」即「攪拌」）。在香港吃撈麵有點像在臺灣吃乾麵那樣，但一般不像臺灣會另附一碗湯。倘若撈麵上菜的時候看似太乾，不用擔心，因為醬汁早已加了在內，可能沉澱在底，只要攪拌一下就好了。說到這裡，可想而知，吃「撈丁」的重點必然是醬汁。「蔥油雞扒撈丁」便可說是港式小吃的代表：它糅合了港式燒味用的蔥油醬和西式煎雞扒，以「撈」的方式拌泡麵，可說是體現了香港多元文化的創意。另外，我還想到在二〇〇〇年代流行的「芝士（起司）撈丁」。這種高脂的「邪惡」麵食是不少學生和上班族的最愛，現在還有不少人會特意找來吃！想來，那不就跟我的大學同學把芝士加進泡麵的做法相若嗎？

改變的時空，不變的情誼

公仔麵在香港成為了文化象徵，我認為除了因為那是少有的香港製造、具本土創意的商品外，也源於它離不開香港的勞動文化。企業家周文軒於六〇年代把泡麵引入香港，原意只為供工業大廈的員工食用。[1]後來看見坊間反應不錯，才創立「公仔牌」把即食麵推出市場。換句話說，當年香港引入泡麵乃源於滿足勞動階層的需要，而茶餐廳本來就是庶民飲食之地，提供泡麵絕無出奇。後來，隨著香港的生產模式轉型，工廠消失，辦公室冒起，一眾上班族要抓緊吃午飯的時間，快餐的需求看來並沒有因應社會發展而減退。只是，現今的上班族想方便快捷地吃一頓的話，有很多選擇。茶餐廳的公仔麵，變成情趣多於需要，卻又永不過時，更成為本地特色。公仔麵是不少香港人的成長回憶，與香港文化有著深厚情緣。

避吃泡麵的我，居然對於香港的泡麵有那麼多話說。那麼臺灣的泡麵呢？我覺得，我會一點一點地試起來。畢竟，吃的意義除了在於照顧健康外，還在於聯誼和體驗文化。朋友親手為我送上一碗泡麵，那份意義遠超於煮食的便利，讓我體會到一種集體回憶和味道，亦在最微細的日常中展現了人情味。再者，現今對泡麵的需求已超越便利，追求各式各樣的味道或甚至要食材新鮮。泡麵更可結合本地特色，成為遊客的伴手禮。它的演變，具有一重文化意義。

在現今物質充裕的社會，飲食上有多種替代選擇。或許，今天我們吃不吃、吃什麼，多多少少也跟緣份有關。而我每次試到新的泡麵，也將是一段新的故事。

1 〈速食速決〉，《香港故事》，香港電台，香港，二〇一二年四月二日。

5包裝
公仔麵
公仔麵

擁有魚仔的美好

心橋

「魚」屬於我最早認識的臺語字，原因不是因為盧廣仲的歌曲〈魚仔〉，而是在更早之前，在盧廣仲的故鄉臺南學到的。臺南的友人總是教我一些奇奇怪怪的臺語，像繞口令或莫名其妙的罵人語句，唯一比較實用的，就是像「魚」這些零零星星的日常用字。

沒有虱的虱目魚

如果你熟悉臺南文化，定能猜想我為何會特別在臺南學到「魚」字。畢竟，要數臺南最有名的東西，無人會忘記虱目魚吧！臺南虱目魚，味道鮮甜而且帶有軟綿綿的質感，我尤其喜歡，因此想到要問朋友這食物在臺語怎麼講。在臺南，不少食肆的老闆和老闆娘都講臺語。我必須確保自己外出時，也能以不笨拙的姿態，準確地點到虱目魚呢！

我是先認識臺北，後來才去臺南的。因此，在臺南愛上虱目魚後，才漸漸想起，以前曾在臺北食店的菜單看過這魚的名字，但總是不太想試。坦白說，可能是因為這種魚的名字有「虱」的關係。香港並沒有吃虱目魚的文化，所以我想不少香港人也跟我一樣，起初對虱目魚毫無概念。後來查了一下，才知道在鄰近的臺灣和菲律賓，它可是盛產的養殖魚，甚至是菲律賓的「國魚」，在養殖漁業裡舉足輕重。到底虱目魚是什麼來頭？跟「虱」又有什麼關係？

有關「虱目魚」的命名來由說法眾多。參照臺灣行政院農業委員會的說法，此魚最大可能是在荷蘭人占領臺灣（一六二四～一六六二）時，於大興漁業和貿易的情況下從印尼引進來[1]。農業委員會推出的《農政與農情》月刊裡，有這樣的歷史解釋：根據《臺灣通史卷二十八・虞衡志》裡記載，「臺南沿海素以畜魚為業，其魚為麻薩末，番語也」；而「麻薩」在原住民平埔族的西拉雅語裡，意指「眼睛」。由於虱目魚的眼睛有脂性眼瞼覆蓋，原住民有可能是以魚的眼部特徵來為其取名[2]。而「麻薩末」的臺語唸法同「麻虱目」(muâ-sat-bak)，所以「虱目」一名可能由此而來。若是那樣的話，虱目魚的名字便是透過音譯得來，跟「虱」本身毫無關係。這樣的推斷，或許會令很多香港人如我一樣，把對虱目魚的最後一道防線也解除。

無刺的驚喜

不過，吃魚到底還有一個要提防的地方，就是魚刺。我小時候曾被魚骨刺喉，所以從此吃魚類都會特別小心。數年前，在臺南初次品嚐虱目魚，是由於臺南朋友極力推介，我就姑且以小心翼翼的態度嘗試。還記得那次，我希望只品嚐少量，於是點了「虱目魚皮湯」，心想既然是湯，又只有魚皮，應該可以

稍稍嚐一下魚的味道，同時不會吃到多少肉，不怕有刺。結果，這碗湯不但令我很放心享用，更給了我多重驚喜。

首先，這碗湯雖叫作「魚皮湯」，但裡面還是有一塊塊連皮的魚肉。（在香港，食肆指的「魚皮」通常真的只有皮，例如火鍋店賣的「炸魚皮」，並沒有肉。）而湯裡的魚肉滑溜溜的，咬下每口鮮甜又滋味，配以薑絲可以去腥、暖喉，感覺既是滋潤，又帶來一種淡然的喜悅。我起初總在細看有沒有刺，友人便跟我說，臺南很多店家賣的虱目魚都已去骨，不用擔心。我們走前跟店員聊了一番，才知道原來虱目魚本身有非常多又尖又細的刺，而這些讓人能輕鬆咬下的「無刺虱目魚」並不易做，去刺過程需靠人手跟時間競賽，在魚身保持新鮮的幾分鐘內精準地完成。而臺南正好就是臺灣有名吃「無刺虱目魚」的地方了！

「其實，以前臺灣並沒有『無刺虱目魚』這回事。」後來，一位住在安平的臺南朋友跟我說了這個故事：臺南開始懂得把虱目魚去刺，源自一名臺南男人娶了印尼女子為妻。這名印尼女子來到臺南後，發現這地方的虱目魚都不會去刺，感到非常詫異。原來，把虱目魚去刺在印尼是普遍的技術。於是，她在臺南便主動教會當地人這門技術，無刺虱目魚自此亦在臺南普及起來。假如那是真的話，「無刺虱目魚」在臺南興起，裡頭的因由充滿著愛與善，根本是個愛情造福萬民的故事。

平淡而確實的幸福

過去，我一次次在臺南吃到鮮甜的魚肉。我依稀記得，第一次去臺南是五年前，那時跟香港朋友在神農街附近吃過特別好吃的魚肉湯。那種魚有刺，我現在已不能確定是不是虱目魚。但即使不是，也不會驚訝。臺南有繁盛的漁業，當地人可以從海裡捕獲各種海鮮來新鮮烹製。剛才提到的安平朋友，就曾在海裡抓到新鮮的蠔，以常溫烹煮讓我試試，那次也是非常難忘的經驗。臺南這個地方，好像彌漫著漁產帶來的福氣。我雖然不常吃海鮮，但有一點可以確定的是，臺南令我發現和珍惜魚的味道。

現在我每次回臺南，沒吃到虱目魚，就好像還未完全有「回」的感覺一樣。虱目魚價格相宜，而且屬養殖魚類，能避過海洋污染，所以總是鮮甜。它是多麼簡單又令人滿足的食物，簡直是民間珍品。我每次在臺南吃虱目魚，都感受到它為這裡的人帶來淡淡的幸福感。這種感覺，就似日本作家村上春樹形容的「小確幸」。小確幸即在生活裡的一件小事情或小動作裡，取得幸福感，大概可解釋為「微小而確實的幸福」。在我的體驗裡，這種獨特的感覺，在臺南吃漁產時份外明顯。

臺南消費水平偏低，卻不愁美食。這裡的人似乎都不慌不忙，生活維持到基本所需之後就可以做自己喜歡的事，不論是與親友聚聚聯誼，還是要發展興趣，例如作工藝上的修行或是擁抱大自然，這裡在經濟活動以外有空間讓人追求精神生活，各種「小確幸」的體會，其實與文首提到盧廣仲的歌曲〈魚仔〉的意境如出一轍。說來，這首歌的一段歌詞令我尤其深刻：

如果我也變成一條魚　如果你也變成了氧氣
未來多美好　不想要一個人承受

這是一首孫子悼念阿嬤的歌曲，全歌以淡淡的哀愁貫穿，但卻在這一句提到了「未來多美好」，令我感到震撼。因為今時今日，還有這麼一個地方，後輩能帶著對未來的憧憬去思念長輩，跟他們說，「多麼希望你可陪我看到未來美好的事情」——這種生存態度本身是為社會帶來多大的期盼！不知這種情懷對長輩來說，可否稱得上為最窩心的禮物？可是，現今在多少城市，多少青年已失去講這句話的權利。年青一輩對未來的安然態度，代表社會的未來主人翁對所處環境的信任和歸屬感。他們與自己的生活環境有連繫，感到擁有一定程度的控制能力。而我覺得這種安然源自生活裡一些簡單又令人滿足的細節，例如可以毫不困難地吃到一碗鮮魚粥、一盤燙青菜，可以騎車去兜風、一家人一起經營店鋪，又或者是中秋與親友鄰里在騎樓下烤肉。

未來，可否掌握？

〈魚仔〉這首歌，流露著簡單生活的一份情。我常常認為，臺灣人的生活，特別是在發展沒那麼密集的地區，較會有這種淡然的安穩。因為生活最基本的東西都得以維持，大家稍有空間去追求維生以外的事情。就像在臺南這個價廉物美、自給自足的地方，大家便有不少小確幸的時刻。不用很多錢，不用過分競爭和比較，都可以感到安然自在。這種自在感，想必在資本主義全球化的世界會越來越罕有，因為在既有的資本主義模式下，特別是追求賺快錢的人，都會覺得發展是硬道理。但是，抄襲外地既有的發展模式來進行單一、或與本地生態背道而馳的發展，會毀掉地方本來擁有的多元潛力，也會把原本多元的人群塞進一樣的系統去分高低，人民由於沒有別的出路，便會爭個你死我活。

香港就是個例子。這裡是個競爭非常大的城市。大學學歷是投身社會的基本門檻，但每年能夠靠公開試考入大學修讀政府資助學位的年青人只有百分之二十五左右[3]，其餘的人要另找方法進修。而出來工作之後，因為合理的住屋不夠且飲食交通什麼都貴，也就要拼薪金來追求基本的生活尊嚴（例如一個安靜的作息環境）。可是，產業發展嚴重傾斜，除非是當醫生、律師等專業人士，否則薪金要追得上物價升幅的話，通常得靠投身金融、地產業，或者打政府工。階級越來越牢固，貧富懸殊也越來越嚴重。同時，香港不少飲食和其他資源都靠進口，本地生產缺乏支援，於是年青一代生來就要往單一方向拼，未來沒有事情是理所當然的。年青一輩向上流動的機會下降，也是為什麼早前有人指出，香港有些孩子生來就「輸在起跑線」這種悲涼的處境。這些種種，政府一直也沒有確切和長遠的解決方案。所以，除非是那些生來就不用擠巴士、擠地鐵的人，否則香港的年青人不太能安然說出「未來多美好」這種話。他們活在充滿未知與極端的競爭環境中，大多感到無力。

我並非指資本主義的發展必定會令年青一代的處境更為艱難，而是如果發展的模式可以因應在地社群的特質去做，那樣是否可以令人生活得更愉快呢？例如香港地少租貴，發展大陸遊客的旅遊經濟，倚賴零售和促銷，以致藥房和珠寶店取代了許多如茶餐廳、粥店、家具雜貨店等民生商鋪，進一步剝奪本來可惠及民生的空間資源，這樣是否正確？又例如香港的新鮮本地菜本來就很難求，價格也推得很高，而新界的農地一再被拿來蓋大型基礎建設、私人住宅，在這種情況下，剝奪更多的農地，進一步毀掉香港人珍而重之的產業，這樣又是否正確？如果連僅餘的自主自給空間也得滅掉，是否太過極端？一個地方本來擅長或珍而重之的東西，假如能用來維生，本來就是一件樸實又令人滿足的事情。臺南的漁業讓我領會到這樣的一回事。

永續未來的實踐

〈魚仔〉是臺灣電視劇《花甲男孩轉大人》的主題曲。歌曲和電視劇裡對家鄉、親情、世代傳承和人際溝通的暗示，透過清新的方法表達，意味深遠，在我腦海裡盤旋了好些日子。電視劇的主題曲以魚為題，想必不只是因為魚仔「游來游去」的臺語「泅來泅去」(siû-lâi-siû-khì)，跟「想來想去」(siūnn-lâi-siūnn-khì) 發音相近，方便表達情感而已。我在臺南吃虱目魚感受到的，是「魚仔」為這裡的人所帶來的淡然與安樂。

其實，臺灣經營的虱目魚產業，還有一點令人讚嘆的地方，就是它有機會間接紓緩某些海產瀕臨絕種的情況。虱目魚養殖出來後全身均可利用。除了能直接煮食或製作魚丸、魚肉罐頭外，連加工過程中從魚體刮下的魚鱗，也能為生物科技公司所用，提煉膠原蛋白。虱目魚業不但只自給自足，更可謂一物多用、物盡其用，不會浪費。中央研究院亦因此將虱目魚納入「建議食用」魚類[4]，呼籲民眾避吃像鰻魚和蝦蛄（港稱「瀨尿蝦」）等受過度捕撈、瀕臨絕種的海產，以支持臺灣魚類生態可持續發展。換句話說，虱目魚的產業也象徵著重視可持續發展的生活態度。

吃虱目魚帶來的鮮甜和幸福，樸實而且具永續性。虱目魚好像在各個層面上，也象徵著情與善，還有對美好未來的實踐。

1 臺灣行政院農業委員會：〈虱目魚的養殖歷史〉，行政院農業委員會「虱目魚館」網頁，kmweb.coa.gov.tw/subject/ct.asp?xItem=90199&ctNode=2400&mp=155&kpi=0&hashid=，二〇一九年十一月十九日讀取。

2 臺灣行政院農業委員會：〈南臺灣的家魚——虱目魚〉，《農政與農情》第二六五期，二〇一四年七月。

3 根據團結香港基金發表的應用教育研究報告，即使把自資學士學位和自資高等教育課程學位計算在內，每一屆年青人上大學的百分比也只有四十八，不足一半人口。報告名為《應用教育：成就非凡多元出路 迎接嶄新數碼時代》，可於團結香港基金的網頁下載。

4 臺灣中央研究院：〈指南〉，《臺灣海鮮選擇指南》網頁，二〇一八年六月，fishdb.sinica.edu.tw/seafoodguide/index.html，二〇一九年十一月十九日讀取。

百變雞內臟

心橋

香港人去臺灣旅遊定必會到訪夜市。走在熱鬧的街道上，左點一點，右點一點，然後就捧著一串串一包包熱燙燙的小吃，很是高興。香港雖然沒有夜市，但有類近的東西。我們除了可以在戶外的大排檔吃小炒外，還可以去俗稱的「街邊」小吃店，買完後站在街上吃。這些小吃店一般會賣咖哩魚蛋、燒賣，有些也賣雞蛋仔，亦有不少煎炸食品，例如有名的「煎釀三寶」[1]，還有各種內臟串燒，例如牛百葉（毛肚）、豬大腸等等。現時香港的大排檔已不多，而過去十年來，可能由於店租急升和市區的店鋪生態走向單一發展，街邊小吃店也消失得所餘無幾了。目前在香港鬧市僅存的大排檔和小吃店，似乎都很受歡迎。

我覺得香港人都很愛吃熱燙燙的小吃，而且內臟食物在不少人心中也占一席位，所以香港人去臺灣夜市也會感到份外有親切感。臺灣的夜市也有類似的內臟串燒，賣滷味的商店提供各種內臟選擇，夜市亦有用煎、炒等不同方法來烹調的內臟食品。當中最令我深刻的，要數一種叫「麻油炒雙腰」的小吃。我始終沒有試過，但認識了這種小吃，卻打開了一個思考世界。

名號多樣的內臟

第一次跟朋友在夜市走過一檔賣麻油炒雙腰的攤位，想到自己很少會吃「腰」，便問問老闆：「裡面有哪兩種腰呢？」老闆說：「豬和雞！」我道謝過後，邊想邊走，突然想到了什麼，腳步也停了下來。「等一下，雞有腰嗎？」身旁的友人大笑。

原來，雙腰指的豬和雞「腰」，分別是豬腎和雞睪丸。老實說，一般外地人能猜中的機率應該微乎其微吧？用這樣婉轉的方法來稱呼這些動物部位，真是一件有趣的事情。像亦修在〈不能說的豬肝〉裡提到，廣東話會因為避免不吉利的意思而產生一些忌諱字或說法，例如「豬血」我們會講「豬紅」，「見血」也可以講成「見紅」來代替。這跟臺灣把豬腎和雞睪丸都避忌地統稱為「腰」，不是大同小異嗎？

想深一層，香港通常不會避講「腎」，但亦會避免明目張膽地說「睪丸」，對不同動物的這個器官多有不同講法。例如雞睪丸我們會叫「雞子」，牛睪丸的一個說法是「牛荔枝」，應該是以其外貌命名，但就沒有「牛子」的說法。這種命名的隨意性，似乎亦可見於臺灣。夜市的「麻油炒雙腰」指動物的兩種不同部位，卻都以「腰」為統稱。看來，在臺港兩地吃內臟，都要多加了解才能搞得清名字暗示著什麼食材。

我不吃雞腰，但特別喜歡吃麻油雞，覺得配以麵線吃，是暖身又飽肚的佳

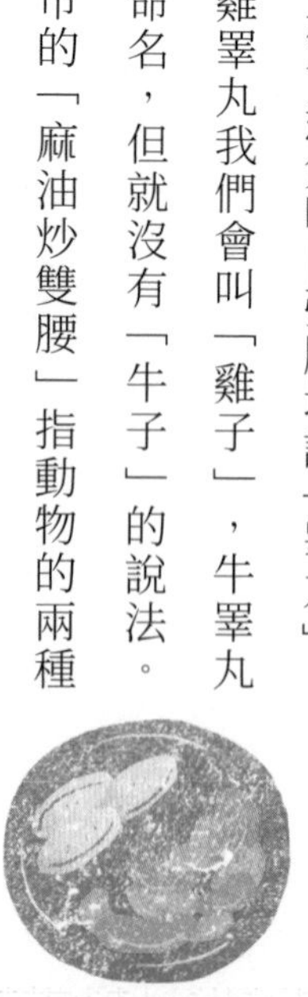

餚。若是用上藥膳湯的話，更令人回味無窮。麻油雞在臺灣一般都視為補身食品，而且特別鼓勵產婦進食。我後來才知道，原來在臺灣給產婦進補的麻油雞裡，有時也含有雞腰，一般認為那有提升母乳營養和分泌量的作用。根據臺灣習俗，產婦坐月子會吃麻油雞或豬來補血暖身，不同的食材和進補的時期都有所講究。「麻油炒雞胇」便是一種常見的雞腰進補料理。對了，「雞腰」同時又叫「雞胇」。為什麼?那要追溯至臺語。原來，「睪丸」在臺語的叫法是「羼核」。（「羼」同廣東話俗寫的粗口字「𨶙」，同指男士性器官[2]。換句話說，「羼核」意思直接。）根據臺灣教育部的閩南語常用詞辭典，「羼核」唸法為 lān-hut。也許因為與「懶佛」發音類近，從而得出了「雞腩胇」、「雞胇」、「雞佛」等寫法。

傳來歷史香氣的風月名菜

文化上，雞睪丸在臺港兩地的特別之處不只都用別稱來稱呼那麼簡單。更有趣的是，兩地對這種食物的理解可謂南轅北轍。在香港傳統裡，雞子普遍視為對男士有益，並不會特別鼓勵女性進食。雖說雞子今時今日在香港不算普遍，但在火鍋店仍有可能找到。雞子算是香港常見的火鍋配料。喜愛吃雞子的人，去吃火鍋一定不會放過這道食材；不吃的人卻總是聞之色變。大家對雞子的反應，好像只有兩極，沒有中間。不過，無論一生中是否吃過，大多數香港人都會聽過雞子，因為香港有一道名菜叫作「雞子戈渣」，是搭配砂糖進食的炸塊。做法大致是把雞子蒸燉、揉爛，混入上湯（高湯）、生粉（玉米粉）等等，待凝結成糕後再蘸生粉炸熟，讓食客配以砂糖進食。

雞子戈渣聽來，絕對是需要花心思的菜式。可惜，當今這道菜在香港已將近絕跡。網上有種說法指，它的源起其實是香港一段歷史的象徵。香港在民初時期公娼盛行，有些酒家便以有助壯陽的菜式來招徠人客[3]。由於廣東飲食文化素有「以形補形」的思維，人們相信雞子具有壯陽功效，在如此的社會氛圍下，雞子戈渣便成為風靡一時的粵式「風月名菜」了。亦有說法指，雞子具有壯陽功效的想法遠自中國還有皇帝的時期就出現了。雞子戈渣原是山東魯菜，轉轉折折地在歷史的波濤下，先透過遷都而帶去北京，後來隨著清朝滅亡又跟隨了達官貴人南下到香港[4]。在民初時期娼妓業盛行的香港成為眾所周知的粵式風月名菜，可謂適逢其會。

大學時期與同學吃火鍋，有些人會點雞子。我看到餐廳端上的一盤裡有接近一打的數量，而且都是生的，畫面並不美，那就成為了我對雞子作為食材的唯一印象。因此，難以想像以這種食材擔當主角的菜式可以是精緻的菜餚。事實上，雞子戈渣不但具豐富的歷史故事，更承載著精深的廚藝哲思。

同樣的一種雞內臟，在臺灣和香港居然理解成為對不同性別作進補用的食材。到底雞罣丸是否如兩地所認為，對特定性別有進補功效，似乎有待醫學專業人士來證實。不過，雞罣丸暗示著，同一種食物在不同地域可能有不一樣的詮釋，值得我們細心發掘。

這裡或許值得用普遍對「以形補形」這一種想法的刻板印象來舉例。「以形補形」，或者臺灣說的「吃什麼，補什麼」，素來被看為是華人的迷信觀念，但其實關於雞睪丸的記載，卻反映出有些西方地方也有類似的想法：英國牛津大學的食物指南裡，提到意大利有一個地方叫曼圖亞鎮（Mantua），那兒的鄉郊有專門閹雞之地，而當地人有把雞睪丸留給男孩吃的習俗；在文藝復興時期，亦有醫生相信雞睪丸具壯陽功效。[5]所以，也不是說西方就沒有「以形補形」這回事。再廣泛一點的刻板印象，就要數有人以為華人才會不避忌地吃那麼多的內臟了。要是在網絡上搜尋看看，便會發現不少西方國家也有某些動物睪丸的料理，當中好像牛和羊比較普遍。除此以外，想想看，法國馳名的鵝肝、鴨肝，跟中國潮州滷味對鵝和鴨內臟的熱愛不是有所相似嗎？

食物消耗的倫理

其實有關吃內臟的討論，與其把吃的習慣跟品味掛勾，倒不如更實際一點，看看背後的作業是否合理。在消費文化盛行的年代，某些食材的需求會特別大增，但供應是否能滿足需求？臺港兩地傳統的雞罼丸菜式似乎都是一盤裡端上一堆。我們的飲食文化對公雞罼丸的需求可謂不少。臺灣新聞就曾有報導指，市場上有用豆腐冒充的假雞腓。另一邊廂，世界多地對雞蛋的需求正不斷上升。歐美國家的養殖業由於重視生產雞蛋，便主力留下雌性小雞來養成母雞生蛋，把相比之下欠缺經濟價值的雄性小雞丟棄。近年越來越多調查揭發，美國和歐洲每年有數以億計的雄性小雞，遭受機器碾碎或施放毒氣等殘忍方式屠殺。在這樣的大環境下，雞罼丸的供應與需求在中港臺或許是全球數一數二的特色也說不定。總而言之，消費文化對動物的個別部位有非比尋常的需求，也真是養殖業要面對的一大難題。

一個雞內臟，反映了臺港兩地相似又相異的地方。下一次大家在臺灣點「炒雙腰」時，就注意別被「驚艷」到。而兩地的雞罼丸菜式似乎都喜歡多量送上，不知假若雞罼丸的供應變得緊張的話，可否發明更精緻的菜式來打破大量消耗的習慣？當然，我只是忽發奇想。只是，那說到底也是其他物種的犧牲，我們都應該盡量珍惜著吃。

1 煎釀三寶通常以一串三件來算錢，具多種釀有鯪魚肉的配料選擇。最受歡迎的是茄子、青椒、紅腸，串起來剛好是三種鮮艷的顏色。

2 彭志銘：〈正統粗口字〉，《小狗懶擦鞋》，香港：次文化堂，二〇〇七年。

3 蘇偉良：〈雞子戈渣風月菜〉，《澳門日報》電子版，二〇一五年七月二十七日。

4 方曉嵐、陳紀臨：《我們兩代人的食經故事》，香港：商務印書館，二〇一九年。

5 Davidson, Alan. *The Oxford Companion to Food*. 2nd Ed. New York: Oxford University Press, 2006. p.793.

Gesundheit!

dǎ pēn tì
打噴嚏
daa2 hat1 ci1
打乞嗤
拍咳啾
phah-kha-tshiùnn

亦修

記得小時候的 ETV 教育電視曾經播出很多經典的常識科節目片段，包括一個大嬸在中國大陸的路邊攤吃涼粉，結果得了霍亂；還有小神仙去長壽村調查人們不再長壽的原因，結果發現大家都亂吃中藥。我永遠都記得有一系列名為「病毒大會」，講述不同的細菌病毒都聚在一起，分享它們如何傳播，怎樣讓人們生病，也會選出一位大王，統領眾細菌病毒打敗人類。不過當然，要給小孩子的電視節目，把那些白喉桿菌與結核菌都畫得很可愛，且結局也一定要表揚人類為了對抗病痛而發明的疫苗。在介紹眾多的病毒時，一定會講到打噴嚏。從前人們打噴嚏都大喇喇地噴出來，但近代社會的健康教育則強調要蓋住嘴巴鼻子，以免傳染疾病，也減低對他人的影響。雖說如此，但是在生活中總得面對各式各樣的打噴嚏方式，有可愛的也有可恨的，算是一種生活情趣吧。

已內化的身體規範

家庭成員就是很有趣的觀察對象。我家爸爸每次打噴嚏時，都會先來是一個準備聲音「he…he…he…」，然後一下子用盡生命力、極其大聲地噴發，那一聲震動天地、響亮人間的噴嚏，好像是要告訴世界他存在的意義般。媽媽常常對他說，你這噴嚏不只不衛生也隨時會嚇死人，爸爸聽完後會假裝沒聽到，然後繼續放他的粵曲卡帶。有一次爸爸打噴嚏時，我還真的看到有口水噴在地上，頓時感受到人類奧妙之處的真實。媽媽的噴嚏幾乎沒有聲音，而且她一定會找一件物品擋住嘴巴，衛生紙、衣袖、毛巾等，看來是個十分認真地保持乾淨的人。

至於我打噴嚏用的是「含住」的方法，不會張開嘴巴，用鼻子的力量把噴嚏封在口腔中，同時可以滅掉噴嚏所發出的聲音。是什麼原因讓我發展出這樣子的方式，我已經不記得了，或許是我覺得每次打噴嚏時，哪來突如其來的衛生紙與毛巾讓我蓋著，而且也免得聲音嚇到別人，畢竟在種種衛生教育下，人們確實對打噴嚏或是咳嗽的舉動難免會產生避諱。久而久之，我也認定了這樣的打噴嚏模式，也忘記了從前怎麼張開口打噴嚏。身體滿滿都是記憶儲存器，我的嘴巴也跟我一樣失憶，忘記在打噴嚏時要張開。不過用心一想，這樣子的小小身體動作，或許是我們存在的絕好證明，它已經不是純粹的生理本能反射，而是經過我們觀察與反思所呈現出來的深層社會文化。打噴嚏在現代健康教育中成為了傳播病菌的媒介，在官方的宣導中，打噴嚏也是一種個人操守的規範，可以影響整個社會。雖說健康與衛生很重要，但我們會否漸漸因而對其他人過於防範呢？

「噴嚏」在字面上的用法，在廣韻中有記載「噴」意為「吐氣」，「嚏」則是「鼻氣也」，「噴嚏」可以理解成吐出鼻氣。「打噴嚏」為國語中很常見的用法與寫法。至於臺語會說的「拍咳啾」，與廣東話的「打乞嗤」，似乎都是以發出噴嚏的聲音來造詞，而且用上了「咳啾」與「乞嗤」的漢字來表示聲音，兩者的發音也屬類似。第一個字反映的是打噴嚏時的吸氣動作，氣從喉嚨處產生，所以會有 h- 跟 kh- 這樣的喉部子音；而第二個字反映了氣要從人體噴發出外面所產生的聲音，舌頭通常會頂著牙齦，所以是一種產生出送氣氣流的聲音。若我們要用語言來稱呼人體如此製造出聲音的一連串過程，用上廣東話跟臺語這樣擬聲而成的名字，好像顯得更親切一點。

有時候打噴嚏是受周遭的環境影響。在香港，最容易讓我打噴嚏的地方必是地鐵太子站，該站因某些污水處理問題，經常發出一陣陣莫名其妙的臭味，我每次去太子站聞到，鼻子都會想打噴嚏。小學時候每週日都會跟爸媽到太子一個曲館聽爸爸唱粵曲，所以每週都要經過傳出奇妙味道的地鐵站。後來我發現在旺角站走過去也只要十來分鐘，就決定若要去太子就提前在旺角下車，免得我鼻子又要受刺激。雖然後來太子站的臭味問題似乎改善很多，但不知道為何我總是覺得鼻子癢得很，或許是腦子已經記住那地點，向我傳出「不要出站」

的訊息，下意識地我就會在旺角下車了。

來到了臺北，我發現戴口罩的人比香港多。除去那讓世界驚嘆的機車陣，還有天天都在整修的道路的話，臺北的空氣排污也不算特別差，但為了防範眾多過敏源，很多人都選擇戴上口罩，尤其在乘搭交通工具上，可見到很多人都戴著各式各樣的口罩。或許是這個城市太在意影響別人，有時戴上口罩會造成一種「生病」的形象，當你在這個時候再打噴嚏，應該有很多人會離開你更遠吧。我的鼻子滿敏感的，碰到廢氣會想打噴嚏，所以每次過馬路都需精心計算，要算好從我現在位置走到馬路要多久，過這條馬路要多久，會不會被困在中間的分隔島上吃廢氣等等，好讓我決定要奔向馬路，還是乖乖地躲在行人道上，等待下一個可以行動的機會。

我並不喜歡戴口罩，除了因為會讓眼鏡起霧外，我也不想被別人覺得我「有問題」。然而，「有問題」的原因，並不一定是自身，也可能是環境以及社會給予的壓力。要壓制噴嚏的健康考慮，從另一面想，卻是一種隔離與冷漠，是什麼樣的環境讓我們得以口罩或是其他掩蔽物來面對大眾呢？我們或許會責怪打噴嚏的人，但是這種逼不得已的生理性反射要如何避免，為何我們不去想想怎麼樣改善環境和衛生，讓我們不再打噴嚏呢？

打噴嚏的情意

在健康與衛生討論上，人打噴嚏時總要將自己與別人拉遠距離，但是這種每天都會發生的解放，也會產生一些人際關係上的創意與幻想。一九五八年出現了一首美國流行歌曲〈Achoo-Cha-Cha〉，由麥奎爾姊妹（McGuire Sisters）演唱，歌詞內容大概講述有個女生要跟喜歡的男生做親密互動時，總會鼻子癢癢想打噴嚏，猜想男生對這個女生在情感上「過敏」。在每段落的開首都會有一段假裝打噴嚏的音效「Ha, ha, ha, Achoo! Gesundheit!」，「gesundheit」在德文中是「健康」的意思，用以祝福打噴嚏的人身體健康，在歐洲語言中也常見到類似的用法，例如在英文中會常常聽到「bless you」的用法。只是在華人社會，打完噴嚏似乎沒有一種相應的用語，常聽到的也只是打噴嚏的人會說「不好意思」，或許是深怕影響到別人吧。打噴嚏在歌曲中成為了一個挑逗並帶有幽默的俏皮動作，配合恰恰的跳舞曲調，為一個小小的日常動作添上情感的色彩。

後來，在一九六〇年代，國語女歌手葛蘭發行一首歌曲叫〈打噴嚏〉，曲調便是來自〈Achoo-Cha-Cha〉，也用上了原來歌曲中打噴嚏的音效以及女生對愛情的撒嬌感覺。但正好相反的是，葛蘭歌曲中的女生是因為似乎有某個男生惦記著她而打噴嚏，像小李、小季都對她求愛，讓她非常困擾。這樣的改變反映了兩個現象：一、女生打噴嚏很可愛，在害羞中帶點逗人的情趣；二、當你打噴嚏時，除了想到自己可能感冒了之外，也讓人默默疑惑有誰在偷偷地討論你。其實在漢人文化中，打噴嚏是「被說起、被討論」一說，早於古代中國就已經存在，最著名的莫過於《詩經》中所講的「寤言不寐，願言則嚏」，意思就是當有人在談論你的時候，你就會打噴嚏了，根本就是現代人還在玩的「你想我、我想你」的遊戲。

廣東話中，打噴嚏後有人會說「啋」（coi1），我更聽過老一輩的會說「匹除雷」（pat1 ceoi4 leoi4），都在暗示打噴嚏的原因是不吉利的事，或許是背後有人在說你壞話，可見現代語言中有些感嘆詞也保有一些趣味。而且語言已經成為一種條件反射了，打噴嚏後不講些什麼更顯得不自然。我在臺灣捷運上打噴嚏後第一句說的話，雖然不會是「啋」或「匹除雷」，但仍會很自然地說聲「excuse me」。語言跟身體動作有著密不可分的互動，間接為我們日常生活帶來更多樂趣。雖說現在這樣的反思在華人社會十分普遍，但能在六〇年代將一首英語的流行歌曲改編成富有特色的國語歌曲，可想大家對打噴嚏已經有滿腦子的想像了。

到了九〇年代，葉玉卿也唱了一首粵語版的同名歌曲〈打噴嚏〉。歌詞跟國語版本相差不多，但是粵語版再增加了一些對情慾幻想的暗示，像這句「乞嗤乞嗤，愛我卻沒有愛意，諷刺這太過諷刺，永遠暗示要與我去干那一件事」，表露無遺地講出兩性關係中的一些刺激點；另外一句「莫非猥瑣 Mr. Lee，此刻對著簽名相心思思；否則也是花花的周公子，誇張我願服侍」，也將女生打噴嚏的形象深化，不只是有人在背後講壞話，也帶有性幻想成分。從五〇年代流行歌中的俏皮，到九〇年代與情慾身體的連結，噴嚏已經跳出了純粹生理的條件反射，而是讓身體進入了社會化的過程，將性別、身分與習慣灌入於簡單動作的內部。語言的變化也造就這些無限想像，讓打噴嚏這生理反應有更多不同的詮釋空間，也反映出打噴嚏後的 gesundheit，其實是一種對身邊的人的關懷。

人體的生理反應因人而異，打噴嚏的原因也層出不窮。相信很多人跟我一樣，不只有味道或跟鼻子有關的事件才會讓你想打噴嚏，像是看到太刺眼的陽光也會突然想打噴嚏，我也實在不知道是什麼原因。有時候也沒有特別發生什麼事情，只是想要打噴嚏。有些人相信每一次噴嚏都是有人暗底裡在討論你。仔細地想，或許每一次的噴嚏，不管好的壞的，都是一種思念與回憶，也載著生命中面對各種相遇與離別的巧思。

一種浪漫的如廁哲學

亦修

「屎尿屁」是我們家族的例行話題，每逢過時過節、長輩生辰、聚散離別，定必出現三者之一，或二，或全部，或以轉喻方式把它們當成博物館展品於桌面上陳述。想必不是每個家庭都有這樣的「傳統」，且並不受世俗眼光與旁耳影響，在茶樓照樣可以喊出那三個名詞。筷子夾了白切雞，嘴著一邊細磨著上一道瑤柱甫令人記恨的絲絲纏根，一邊講著阿公帶著兒時的三兄妹與大便有關的故事，這是何等奇怪的家庭。若以為只有日常生活的話題就太天真了，懂得「屎尿屁」真諦的小孩子的創意是無極限的。舅舅在一次飯局上開講，他、姨媽跟我媽三人的兒時，有一天腦袋不知道哪根筋不對，他們在路上抓了一坨狗大便，把它放在空鮪魚罐頭裡，回家趁婆婆還在睡午覺，燒了一鍋油，竟然把狗大便丟下去炸！那爆炸度、濃烈度、無法擺脫的油臭味，和散成一點一點的殘骸，噁心程度超出人類語言的表達。當時外婆擺著可怕的臉說道：「我真係唔得你死！」（意為快被氣死）可想「屎尿屁」在我家中，不只是理論，也是實踐，吃一頓家常便飯也能超越想像地展開，有時候甜點都要上了，我心裡就想：「屎啊屎，你怎麼還不出現！發生什麼事了！」

避諱不避諱

當然，不是每個家庭的口袋中都藏有十來個排泄物的故事，且通常講到這些東西都顯得尷尷尬尬，大方不了。為什麼對於從口中說出這三字（你看我也潛意識地避開）有這麼重的個人與社會包袱呢？人們從小對語言文化的觀感都來自於周邊的學習環境，而這周邊的學習環境又受社會大氛圍的影響，讓我們覺得有些場合應該講得體的話，而有些話語則必不能在特定情況下說出口。想必學校老師都跟小朋友說「屎尿屁」不能講，是不得體的，要描述此等行為要以前一個動作做代表，要說「上廁所」或「去洗手間」。久而久之，人們開始避免說出跟自己生活很接近的物體，排泄物的名字成為一種因身邊環境而成的尷尬的語言。

想一想，回到語言本身的特性，廣東話充滿這麼多禁忌字詞，但從來不會避諱說出排泄物的本名。你可能會說我們用「大便」、「小便」來指稱其兩種，那是一種比較書面及文雅的用法，你何曾跟你香港朋友說「我要去大便」呢？當然是霸氣地說「我要屙屎啦！」在廣東話連「苦瓜」都覺得不 lucky 的語言當中，「屎尿屁」直白的稱謂就表示我們十分喜愛它們。我們家貫切廣東話的說話哲學，以最淺白的字詞表示我們對該事物的親切感。而臺語也似乎沒有對字詞作出避諱，屎（sái）、尿（liō）、屁（phuì）都是常見的字詞，並不隱藏或刻意不說，而且雖然也可以用臺語說「大便」、「小便」等，但一般的生活語言多用屎尿屁三字，講大便反而顯得有點見外。本土語言當中保存了相當多日常生活的直白字詞，至少在香港與臺灣的語言中仍可聽到這些親切的用詞。

排泄動詞的巧合與美感

不同人對這些身體製作出來的產品當然也有不同的解讀。如果將「屎尿屁」視為一種文化現象，可以從兩種方向去思考。一是考慮各地如廁文化的相似性。語言是十分奇妙的，你說廣東話，我說臺語，當然不全然能聽懂大家說什麼，我們因此就會覺得兩種語言不一樣，但深入語言的構詞內部，就會發現它們有共通之處。我們先從一切的源頭「屁股」說起好了，在廣東話常以「pat1 pat1」著稱，若更具體一點會說「屎窟」（si2 fat1）。什麼是「屎窟」呢？「窟」有洞穴的意思，亦有多種同類人物或事物之聚集地的意思，所以在這樣的解讀下「屎窟」可解作兩腿之間那個藏有屎的洞，便為「屁眼」，再具體一點可叫作「屎窟窿」。另一邊廂，臺語稱之為「kha-tshng」，字怎麼寫仍有各家說法，有人寫作「骹穿」，「骹」是腳的意思，而「穿」則是「穿過、穿透」，有與「窟」相似的洞穴之意，「骹穿」的意思就成了兩腿之間可以穿過的那個洞穴，不就是「屁眼」嗎？以「骹穿」作為解釋何樂而不為呢？

講完屁眼，那就開始來探索追蹤裡面的東西吧。書面語一點的會說「大便」，比較日常的國語叫作「拉屎」，動詞「拉」有把東西從一端以力量使其出來的意思，拉屎明顯地就是以自己力量把糞便排出體外。廣東話說「屙屎」（o1 si2）有相似的意思。以「屙」字形看，與屎尿屁一樣從尸部，阿聲，可以理解它與如廁有關係，更具體的可以說屙屎、屙尿來說明排泄的目的；而在臺語則有「放屎」（pàng-sái）一詞，「放」在臺語有釋出、解放的意思，東西從物件的一部分排出為「放」，放屎的意思就再清楚不過了。各種語言對於拉屎的概念，都視其為一種解放，釋放出久久存積的重擔，是不是滿有正面的意義？而我們所熟悉的語言，正是解放這些生活重要事情的媒介與方法。

國語說「排尿」、「撒尿」似乎有點太生硬了，通常大家都會說「尿尿」，為什麼要疊字呢？可能是覺得比較可愛吧。有時候也可以單說「尿」，「我快尿出來了」的尿也已經變成一個既有的動詞了。至於廣東話與臺語對於「尿」的用法，則跟上述的「屎」用法一樣。

人類是生物，在生病或到達極限時很難全然控制自己的身體，屎尿屁也因此可能不由自主爆發。國語常說的「拉肚子」，我原先沒想過它的意思，現在想一想或許是拉屎拉到快把肚子都落出體外的感覺。廣東話說「攪肚痛」（gaau2 tou5 tung3），表示肚子裡的東西彷彿在攪動一樣地痛。若真的忍不住要爆發，那就不好意思地「瀨屎」（lai6 si2）了。「瀨」是一種不可控制的動力，身體已經控制不了屎的流動自動排出體外。臺語也有相似的說法，稱「落屎」（làu-sái），「落」作為動詞有往下墜、掉下的意思。當屎已經不受控地自己往下掉，憑誰都無法阻擋它，是多麼任性的屎，也是多麼精準的語言描述。會講臺語的人應該也對「落屎星」（流星）不陌生，一顆拉肚子的星星，這意境是多麼美麗，不管那星星是否生病，以落屎形容流星的生命力，描寫著流星爆發往下墜落的動力，別有一種豐厚的智慧。

同樣地，國語中有「漏尿」的說法，而廣東話也可以用「瀨尿」（lai6 liu6）形容不自主地排出尿來；臺語有「閃尿」（siám-liō）一說，也是形容不小心排尿的一種用詞。對於「屎尿屁」的解讀多麼豐富，我們也從不會避開不談，有時候聽到這些被「封印」的用語，反而多了一種親切感。無論是廣東話或臺語，正視母語帶給我們的美麗生動描述，才是生活值得驕傲之處。

大異其趣的如廁文化

第二種的解讀與第一種相反，是反思如廁文化的多樣性與差異性。大便也是有文化差異的，拉一坨屎、撒一泡尿並不是單純地解決生理要求，更反映了不同文化背景的生活條件。活在香港二十幾年，也在臺灣待了六年的我，是時候來反思我的如廁日常。我毫不修飾地攤出了家族對「屎尿屁」的著迷，除此之外印象最深刻是《黃巴士》雜誌裡面的「屎撈人」（si2 lou1 jan4，名字由來是雪人的廣東話直譯，但也可解作屎加人混在一體的生物），跟他唱的那首「屎我係一督屎」。小朋友當然不會覺得有什麼避忌，一方面只覺得他很可愛，但另一方面又覺得他好像比其他角色都暗沈，也常常說一些不是很開心的話。到長大後才知道他所刻畫的、諷刺的也真的是一些社會的黑暗面。廁所好像是個不見光的地方，一旦你掉落馬桶裡面，就不會再有機會重回廁所裡頭了。到底馬桶下的世界是什麼？這牽扯到的是腳下的城市裡各種管線的設計。

記得我媽媽來臺北玩的時候，常常會把廁所弄塞。我問她：「你屎是多到把渠管堵住嗎？」她笑說：「最好是！面紙啦！」住在香港的我們從來沒想過到了另外一個國度，如廁會變得不一樣。我們常用的捲廁紙，怎麼在臺灣不常看到？剛來的時候並不習慣，以為用一張面紙就好，結果面紙太薄，手都碰到屎了！後來慢慢調整，用兩張疊在一起，或是一張折起來的感覺很合適。除了面紙的問題，以前在文山區租下的公寓，房東跟我說渠道比較老舊，面紙容易塞馬桶，叫我把面紙倒進垃圾桶，然後當作垃圾處理。我心想，這不是一個倒夜香的概念嗎？後來發現不同品牌的面紙有不同材質，有的倡導可以丟馬桶，有的不行。這個城市原來對面紙有這麼形形式式的要求，是我在香港從來沒想過的。

在我們的日常語言中，甚少會與周遭的人討論排泄的文化。當你聽到有人分享旅行經驗時，大多都是討論什麼景點、美食、伴手禮、風俗文化等，但較少會有人認真分析旅行地的如廁文化。我們對廁所有那麼不了解嗎？還是我們的語言中刻意不提？無論是上述提到的「屎尿屁」的語言用詞，或是與其相關的社會文化，都充滿著智慧的詮釋。像我第一次聽到臺語中的用法，我馬上可以連結到母語中的文化與趣味。而這些語言智慧也倡進與深化了我對臺灣的喜愛，想想這也算是一種文化交流吧。

講了那麼多，其實我並不是衛生專家（我也不太相信官方衛生局對衛生有多了解），以一個平民老百姓來討論屎尿屁，目的是解放大家對屎尿屁的避忌。世人對排泄物的態度越來越曖昧，一方面提倡衛生，從外在的市容到內在的個人健康，似乎十分著重到底你的屎尿屁健康與否；一方面卻又視它們為沒有修養、粗鄙通俗的字詞。既然是身體的一部分，可以勇於面對，何況屎尿屁有自己一套生態學，不同文化下的屎尿屁哲學繁花盛放，不知道你又怎麼看待你的屎尿屁呢？

PART 3

我之以為我

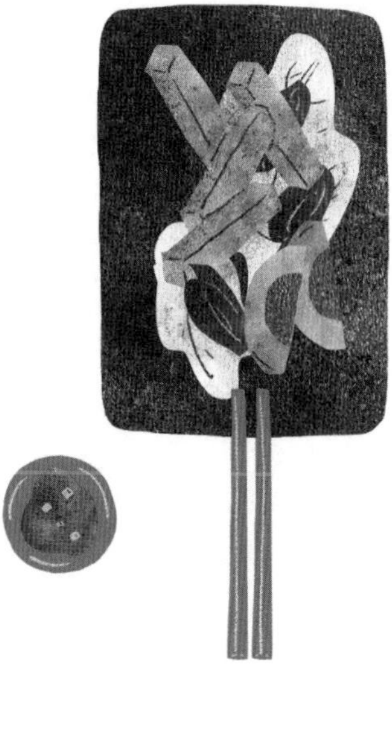

苦口「涼」藥

亦修

廣東話稱「苦茶」為「涼茶」（loeng4 caa4），「苦瓜」為「涼瓜」（loeng4 gwaa1），除了可能因為避開「苦」字不講，這種茶水的功效又以清熱消暑為主，尤其熱帶地區較為潮濕，稱為「涼茶」，顧名思義是喝後會涼快的茶，能去濕解熱。而苦瓜亦是生性偏寒，常在中藥與藥膳中作為消熱的食材，稱為「涼瓜」也十分貼切。臺灣也飲用這種以藥草煮成的茶水，人們比較不會避諱用字，臺語稱為「苦茶」（khóo-tê），但更常見的名字可能是「青草仔茶」（tshenn-tsháu-á-tê），青草就是指不同品種的藥用植物，都可以煮成茶水飲用。

在香港有特別賣涼茶的地方叫「涼茶鋪」，賣的茶水種類十分多，例如廿四味、火麻仁、五花茶、感冒茶等，有些亦是賣中藥的地方。一些比較老式的香港涼茶鋪仍可以看到在店面擺著一碗一碗的涼茶，用透明膠片蓋著。從前小時候聽到媽媽要去喝涼茶實在感到莫名其妙：苦的東西為什麼要喝呢？長大後才發現原來「涼茶」也不一定是苦的。至於在臺灣賣青草茶的店大多有賣一到兩種茶水，他們的青草茶中放了不同的藥草。有趣的是在臺灣的卡啦 OK 有賣一種涼茶叫澎大海，在香港比較少見，主要是潤喉清熱，讓人在唱歌唱到累的時候可以滋潤一下。或者你也可以選擇廣東話中稱的「鬼老涼茶」，就是外國進口的啤酒，也是「涼」的飲料。兩種「涼」，兩種感覺，一種清熱一種醉。

兩地的涼茶文化相似又有相異的地方，但都可以看得出來其實苦茶或涼茶並不用於醫藥用途，反而是庶民消費文化中極其重要的一部分，有些香港的涼茶鋪是人們聊天及消磨時間的地方，而臺灣的青草茶店大多開於人流繁華的地方，也有些開在夜市中，可見雖然同樣有中藥草的成分，對比真正中醫開的藥用「苦茶」，這些茶水算是大眾文化中用以消暑解渴的飲料。所以啊，不要把涼茶當成神仙水，一咳嗽就喝廿四味，一感冒就喝感冒茶，畢竟它們有藥用成分，不能常喝，且有時候為了讓茶水喝起來更美味，會加上不少糖份與其他成分。

回憶苦甜相伴的氣味

味道的「苦」與身體的「涼」似乎有一種微妙關係。住在熱帶地區的人熱氣重，要吃涼的東西消暑，偏偏涼茶與涼瓜都帶苦味，若你吃不了苦，好像真的生存不了。吃得了苦，甘味的人生就是你的了。猶如生命的味道，總在某些時候嚐到苦道，總有不曾想忘記的味道。小時候阿嬤常常說苦口涼藥，她也很喜歡閒時去樓下的涼茶店坐著聊天。阿嬤家在灣仔，為香港較老舊的地區，被阿嬤帶大的我對某間涼茶鋪絕對不陌生。放學後，小孩子會吵著要吃零食，阿嬤就帶我跟我表姐去涼茶鋪，喝著五花茶，吃著咖哩魚蛋跟糖果，店內傳來陣陣的中藥苦味，也夾雜著某種甘甘甜甜的味道，那個味道我一輩子也不會忘

記。那是一種小孩子不會進去，但進去後就忘不了的味道。聞起來並不討好，卻是每天走過都會記得的味道。現在涼茶店越來越少，傳統涼茶鋪也變得商業化，更有連鎖的涼茶鋪，店內香香甜甜的，那種夾著剛煮好的涼茶與小吃的味道早已被千篇一律的味道蓋過，找不回小時候那種熟悉的味道。人類對味道的習慣可能也是種可悲的記憶，越重的味道反而越會記得，陣陣的甘苦反而慢慢被沖淡。現在回想，我都快忘記涼茶鋪的味道，忘記什麼是甘甜，忘記阿嬤的味道了。

我在臺灣很少喝青草仔茶，大概是覺得不合我口味吧。不過記得有一次去臺南玩的時候，經過一家店，賣青草茶與冬瓜茶等幾種，一杯好像只要十塊錢，十分便宜。我是要去買這家店旁邊的鹹酥雞，但不自主地被一股滿熟悉的味道吸引。這股味道有兩個層次，第一層是若你碰到在草地上奔跑的人或動物時，濺起的一陣草腥味，另外一層是經過中藥店會傳出來的淡淡藥材味。它並不是我小時候在香港的涼茶鋪聞到的味道，但微妙地，它勾起了我對這段記憶的想像。實際的畫面已經無法在我腦中浮起，只是那揮之不去的味道一直停留在我想像的鼻子裡。回過頭，我仍是沒有買青草茶，直直奔去鹹酥雞，炸油的味道把我從回憶拉回來了。若說氣味是喚起記憶的感官體驗，我想青草茶為什麼可以勾起我對涼茶的回憶，大概是我已經開始忘記從前的事了，只能用接近的物件來想像。可惡，就是想不起來。

從前的人不怎麼稱這些在腦中的片段為回憶，因為生活的步調基本上不會變化太大，你不會想到今天開的這家店明天就會消失了，回憶並不成為人們懷緬過去的工具。回憶開始成為現代社會的集體活動，除了是我們步入科技發達與大量生產的年代以外，感覺身邊的事物變化已經是不可理喻的速度，人根本跟不上城市的速度。店鋪、餐廳、交通路線、甚至昔日重視自由的校園，這些東西快要失去的時候，人們才會開始珍惜跟保護。「苦味」忘記了，童年也跟著它消失，這是成長嗎？或許是吧，人好像都要在失去中長大。

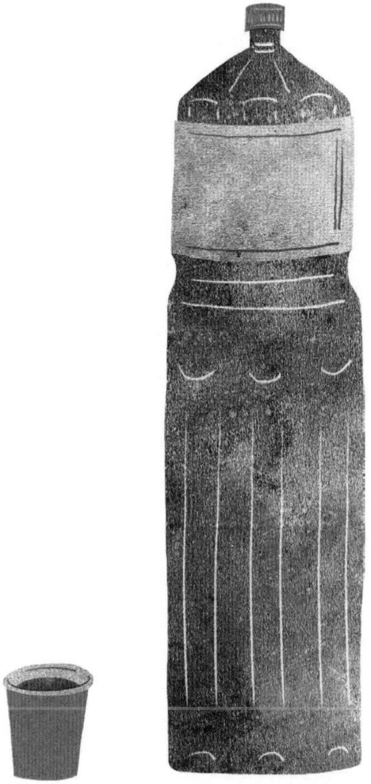

不能說的豬肝

zhū gān
豬肝
zyu1 jeon2
豬潤
豬肝
ti-kuann

亦修

曾有香港朋友A來臺北玩，臺灣人B帶他去吃熱炒，結果竟出現一場語言遊戲（以下對話）：

A：（指著一盤煎豬肝）唉這「ㄓㄨ ㄖㄨㄣˋ」（zhū rùn）超好吃！

B：（默不出聲，表示聽不懂）

A：「ㄓㄨ ㄖㄨㄣˋ」超好吃，好有口感！

B：你說這「ㄓㄨ ㄍㄢ」（zhū gān）嗎？

A：對啊，講「乾」（肝）不吉利嘛！

B：少來，難道「餅乾」你要講「ㄅㄧㄥˇ ㄖㄨㄣˋ」（bǐng rùn）嗎？

A：唉對耶，為什麼啊？

修飾的藝術

避忌用法在漢語書寫歷史中並不罕見，而在眾多現代漢語方言中，廣東話的避忌字常見於食物名稱中。在粵語中，「豬肝」的「肝」與「乾」同音，廣東人覺得「乾」不吉利，尤其以前農業社會，農作物需要雨水，人們才能有糧食過活，因此人們會避開講「肝」字，拿了其相對應的「潤」（濕的意思）作借字，把「潤」原本比較持平的聲韻提高尾音，成為「豬潤」（zyu1 jeon2）的讀法。

除了「豬潤」，粵語中也會把「豬舌」講為「豬脷」，把「豬血」講為「豬紅」，都是一些避忌字的例子。「舌」與「折」為同音字（sit6），「折」於說文解字中意為「斷也」，在現代語言中有「虧損、耗損」之意，並不吉利，於是以「利」（lei6）字借代，加上「月」部首意為與身體有關，成為我們今天常看到港式餐廳的餐牌上寫的「豬脷」；而「血」則可能被視為髒物，因此廣東人改以其食物顏色的「紅」作為借字。這三種豬內臟食物常出現在菜單上，但它們的名字都已經過修飾了。

相比廣東話，臺語對於這三種食物似乎並沒有太多避忌。就名稱來講，「豬肝」（ti-kuann）、「豬舌」（ti-tsih）與「豬血」（ti-hueh）都無經過避忌的讀音，國語也有一樣的用法。但以上的字詞不避忌，並不表示臺語中無避忌的情況。例如「絲瓜」是「菜瓜」（tshài-kue），「茄子」叫作「紅菜」（âng-tshài），「絲」與「輸」為音近字，「茄」則在臺南與高雄一帶是男性生殖器的借代用法。雖然不像廣東話有較多的例子，亦不知道它們的借字原則，但臺語中確實存在著避忌的用法，大多跟禮俗與習俗有關。

語言是我們認識事物的一層符號，透過了解事物名稱，我們也能知道背後的故事。廣東人要「好意頭」，在語言中「唔老禮」（不吉利）、「大吉利是」

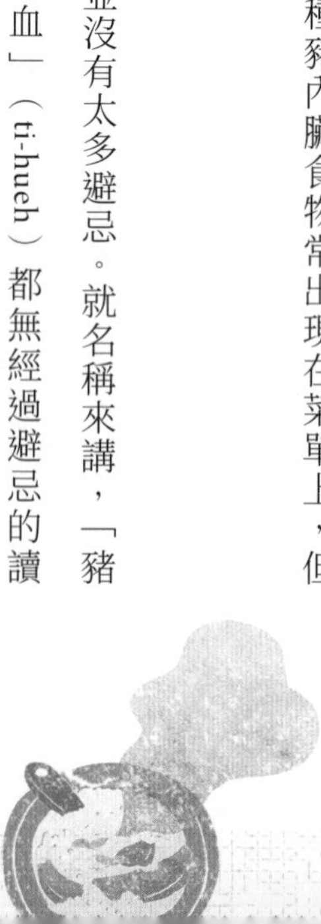

（這詞本意其實是吉利的，但當遇到不好事情時，人們希望可以逢凶化吉，便會故意講大吉利是，祈求順利）的話少講為妙。那在現代生活，什麼才是吉利的話呢？語言是有機體，隨著時代改變，除了約定俗成的語音、詞彙與語法外，現代語言中也會出現不少例外，像「鵝肝」等外來詞，粵語就很少會用「潤」來避忌，而像「餅乾」更不會有人說成「餅潤」。語言是充滿變化的，避忌字也是基於不同的情況與歷史變化而成。正因為這些本地文化，使我們的語言充滿著各種與別不同的趣味。記得我童年的時代，是阿嬤養大我的，那時候我們一起住在灣仔。她是東莞人，講話有一種腔調，小時候我覺得阿嬤講話很有趣，她有時跟住在旁邊的嬸嬸叔叔打麻將，我都會在旁觀戰。我總是疑惑，為什麼爸媽說「開槓」，阿嬤會說「飛槓」，麻將會飛嗎？還是阿嬤要形容開槓時把四張一樣的牌打出來很像飛出去一樣？後來我才知道她的東莞口音跟我熟悉的廣東話有一點差異。日常生活中有我們想像不到的多元語言，而我們就在這樣的環境中長大，學會那個豬內臟物體就是「豬潤」，而不知道什麼是「豬肝」。

消融的語言，確立的情感

回想我那在臺灣第一次吃到豬肝的香港朋友，我覺得他很厲害，用了自己的語言來詮釋那一盤食物。或許他不知道豬潤的國語叫豬肝，這就是用自身語言直接反射在不同文化上。如果他知道豬潤的國語叫豬肝，那他就更厲害了，刻意用國語來發廣東話的詞彙，下次我得好好問一下他。重要的是，在現代社會文化交流中，到底要說什麼樣的話，操什麼樣的口音，大家才覺得是「對」的呢？為什麼要有正統的語言，或是官方的語言？難道自己的語言不能成為交流與溝通的聲音媒介嗎？

來到臺灣念書與生活，日常所講的大部分為國語，只有見到香港朋友時才會轉回廣東話。久而久之，帶著一個香港身分在臺北遊走，講了多年國語，朋友們都說「你怎麼都已經沒什麼口音了」。原本香港人講國語都帶有一種廣東口音，我想臺灣人也懂得分辨，與來自馬來西亞、新加坡會講華語跟廣東話的朋友也有差異，大家都各自帶有特色的口音。但我來臺灣後，生活幾乎都沒怎麼講廣東話了，同學跟朋友大多也是臺灣人，講國語時的廣東口音漸漸褪去，大家開始分辨不出我是香港人。我仍然在思考著，我的香港身分在臺北這個城市有什麼樣的意義呢？正如我要點一盤煎豬肝，我只會說煎豬肝，我可以說成豬潤嗎？我要融入本地，還是保有自己特色？我是否需要刻意製造我的香港特殊性，還是終極目標是要擁有臺灣普遍性？我想這些問題我暫時沒有辦法回答。

近十年來，臺灣是香港人心中很重要的旅遊地方，也是極其熱門的移居地方。我相信以上的問題，都不只專屬於我，尤其是來臺灣定居的香港人，或是到香港定居的臺灣人，他們心裡面對於自身文化的定位，定必也是複雜的。現代生活是流動的，不管是人、事物、資金、資源、知識等，都不再只特定停留在一個地方。我們有很多機會去別的地方發展生活，從而感受當地文化，但移居的人與移居地之間的距離，每個人不一樣，有的人已經買了回程票，規劃好離開那一天；有的人買了一張單程票，決意一個人闖進新生活；有的人卻手持著對美好過去的珍惜，想著回去，但卻回不去了。我也不知道我買的車票到期日是什麼時候，但我想在往返港臺的生活經驗中，至少我還保有對兩地的情感，我的未來或許還充滿著可能性。

找到自己的聲音，並堅持不能忘卻，是多麼重要。能用自己的聲音去與別人的聲音對話，才是一種真正的文化交流。「肝」與「潤」其實指的是同樣的事物，因為語言不一，我們有了交談；因為語言文化不一，我們才知道，只是吃個內臟也是一種情感表達。

二十一世紀城市漫遊

心橋

我是個動作很慢的人，在高速的城市節奏中容易反應不過來。不知是否因此，大學時在「城市作為文本」的課堂裡探討法國詩人波特萊爾（Charles Baudelaire）形容的「Flâneur」時，此詞瞬間就烙在心裡。這個法語名詞一般中譯為「漫遊者」，十九世紀時用來形容在巴黎有閒於廣闊的大道上慢慢行走、觀察城市中人生百態的人。

那堂課的主題是探討人們如何閱讀城市。有關「漫遊者」的定義，有閒情逸致當然是關鍵，慢的速度也代表不急著做其他事務。不過，漫遊者其實非以其速度或漫無目的所定義，而是其對城市的觀察和感應。與一般的遊蕩者不同，漫遊者是藝術家，用獨特的方法專注地閱讀和理解城市，於是能為城市提供不一樣的故事。

踩著車輪的漫遊者

你可以想像，香港很難有漫遊者。或者應該說，二十一世紀的香港漫遊者一定不是以慢慢走路來見稱。太難了。不過，漫遊者特別之處是會用自己認為有意義的方法進行觀察。換句話說，不同的漫遊者可能有不同的觀察方法。我單純地以漫遊者不急不趕，作為旁觀者靜靜觀察的心態，記熟了這個詞，覺得很切合自己。而由於香港的城市節奏太快，我認為在移動時同時觀察城市不太安全，還是專心走路比較好，只好這樣安慰自己：我可以坐下來的時候才當個漫遊者。

我想，日常在茶餐廳坐下，靜靜地對其他「搭檯（併桌）」顧客進行觀察，也是一種漫遊者的行為。每逢在茶餐廳、咖啡店這種可以在急速和擠迫的大環境下停下來坐坐的地方，我才可以靜靜地感受四周的人事物。

於是，我就沒再多想在移動時觀察城市的方法，直至到了臺灣。我漸漸發現，在這個地方有好幾種可以觀看城市的方法。不只坐在摩托車後座可以四周觀看，騎腳踏車代步時也可以把道路兩旁的商店看得更清楚。而且，自己騎腳踏車時可以控制速度，在路上安全地慢駛也沒所謂。特別是因為臺北不少道路也有清晰的自行車通道，腳踏車在路上就少了跟摩托車和行人互相影響的壓力。

我發現，騎腳踏車觀光是不錯的選擇。比走路快一點，而且沒那麼累，每次出外走的地方就可以更遠更多。寫作至此，我才想起頭一次以腳踏車遊歷城市，其實是在更早以前當留學生的年代，於法國南部波爾多。大概那時腦袋裡充滿一堆浪漫想法，覺得自己好像《祖與占》（臺譯《夏日之戀》）裡的年青人，在城市裡自由地奔走。現在細心回想，才知道那時是第一次在市中心騎腳踏車，遊走於大劇院、教堂、海濱長廊、摩登商店、電車路之間，在短時間裡看到城市的不同面向。同樣地，每次我在臺北以腳踏車當代步工具時，目的都不是觀光，但每次在路途上總會得到一些新觀察，繼而又踏上了一趟發現之旅。

想起來，頭一次使用臺北共享腳踏車是在數年前。那時候，花最多心思學習的詞句竟然是「騎腳踏車」。不知是否因為與行動相關又帶有急切性的關係，我對這個行動的講法總是容易衝口而出說了香港人講的「踩單車」，感到非常難改。例如跟別人討論該怎麼去一個地方時，我一旦急著提議就會不小心說出：「不如踩單車？」試過花了數秒想起「腳踏車」這三個字，又忘了要用「騎」這個動詞。

隨著發展改變的交通方式

廣東話用「踩」來形容用腳踏的動作，而「單」想必就是單人使用的意思。

雖然臺灣人都聽得懂「單車」，但在國語一般會講「腳踏車」或「自行車」，而且會說「騎」，不會用「踩」來形容。臺語會說「跤踏車」，是「腳踏車」的直譯，亦有人講「孔明車」，據說是源於三國時期諸葛孔明發明了有輪的運輸工具。另外還有「鐵馬」和其他說法。或許像很多臺語名詞一樣，調查「腳踏車」的說法就可初步了解臺灣在地域上的文化背景差異，是個有趣的題目。

共用腳踏車近年在臺灣各地越來越普及，對旅遊人士來說也很方便。我覺得臺北的市中心算是有很多適宜腳踏車行走的道路，不像臺南，腳踏車常常要在車路上行駛，令人緊張。當然，臺北市還是有些我認為不宜使用腳踏車的路，例如忠孝東路崇光（SOGO）百貨一帶和西門町。那些區域不少步道仍是騎樓，加上行人眾多，腳踏車駛進去也變得要用雙腳走。除此以外，在臺北腳踏車似乎是很可行的交通選擇。

反而在香港，近年終於有了共享單車，卻始終流行不起來，還多番遭受破壞。那當然是很可惜。可是，長年待在香港島的我，則感受到香港的道路始終

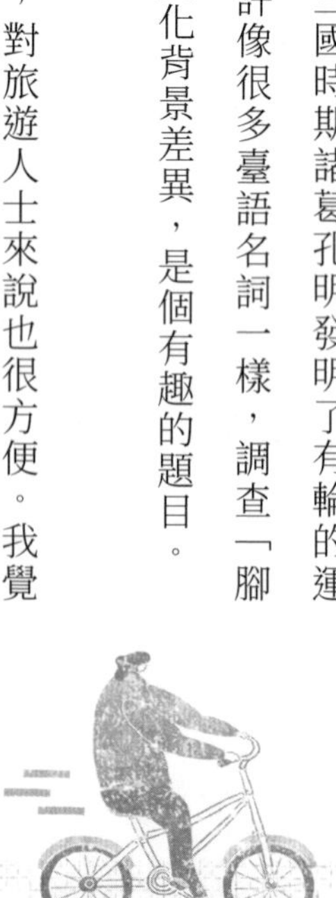

很難使用腳踏車，因為這邊有很多斜坡。我們可以在車路騎腳踏車，但路上通常有很多車，而且司機一般都很急很兇，連行人走路都得左閃右避。腳踏車如果出現在馬路上，就顯得份外脆弱。香港的腳踏車要在馬路或「單車徑」行駛。畢竟，行人路一般都很窄，人流擠成細細長長的，哪來給腳踏車的空間呢？大概只有在少數人流較少並且有「單車徑」的地方，才容得下單車吧。

仔細想想看，香港空間那麼小，其實用不著以腳踏車代步吧？但我倒是很想有代步工具，因為即使有相對方便的地下鐵，走路來回的旅程感覺有時也挺吃力。再者，香港不少地點要上坡，然後左轉右拐的，行人要走的路有時還真不少。我一直抱有這樣的感想，後來，居然意外找到了一份有關「城市可步行性」的研究傳單，才發現原來香港人日常的走路份量是世界第一！數據來自美國史丹福大學二〇一七年一項有關全球體能活動的研究。這份研究利用智能電話應用程式，收集各地區人民的步行數據。得出的人均每日步行量，香港人以每日接近七千步遙遙領先，排第二的中國內地稍超於六千步；大多數國家的數據則停留在五千至六千步的水平。

這些數據當然令人訝異。畢竟身為香港人，我從小在幼稚園就學到香港是個交通發達的城市，認為「交通發達」應該等如可以避免走太多路。然而，想想看，近十年來，香港人等車搭車的節奏越來越亂。公共交通工具的班次多了、密了，卻更常發生塞車和臨時調動安排。這個問題，但凡曾在下班時間於城市的交通樞紐紅磡海底隧道兩邊等巴士的人，一定也有共鳴。今時今日，市民要想方設法選車、上車，從一個地點去另一個地點越來越艱辛。香港人的步行量多，也許是因為大多選擇乘搭能避免塞車的地下鐵，所以坐車前後額外走多了路。其實交通選擇再多也好，一旦使用人口過多，還是會塞車甚至交通癱瘓。

我這才漸漸意識到，小時候接受的教育，已是二十多年前的事情了。當年學習到的知識中，還有所謂香港是東方之珠、國際大都會這回事，到了現在好像也說不過去。那樣的美譽，有些亞洲城市已能媲美，而且我們的城市對多元文化的鼓勵，或甚至中英雙語文化也越趨落後。或許，所謂交通發達，就正如國際大都會一樣，是香港市民需要逐漸認清的城市迷思，那樣才有望可集眾人之力去改善問題。

城市發展的修辭想像

大學時代必修文學批判理論，當中有不少把心理學（特別是精神分析）融入文學分析的做法，對我來說是最難讀的東西之一。現在卻不其然想起，描述香港時，或許可以心理分析作為比喻：香港的道路、大廈設計以及日常大小事情的密集度，加起來就像焦慮症的狀態。在這麼小的一片地方，偏偏譜出了許多狹小的路，從平地往上又往兩旁鑽（後來也往地下鑽），鑽出原來並沒有的千百萬樣事情來。路鑽得越深和越多分岔口，開發出來的地點則越為刁鑽難纏。一旦想到要在這樣的地點活動，例如要走路或開車到達，或者搬家、裝修，本身就已令人頭痛萬分。

這樣說當然有欠公平。畢竟，那實際上叫作都市開墾，最多只能怪城市設計有欠周詳，人口超載。我只是突然想到，用焦慮症來形容香港這城市似乎挺為貼切。想到這些，是源於曾經出國，感受過不一樣的空間距離，也因為早前在香港的學術活動工作，遇到一位韓國的建築研究者跟我說：「香港真是個向上發展的城市呢！」我當時不太理解，問道：「不是所有城市都會建高樓嗎？」原來他說的是我們往山坡上蓋樓的傾向。

我在香港當個坐著的漫遊者，很多時都是從擁擠的環境觀察不同人的生活細節，相對微觀。若想較為廣泛地看清楚道路兩旁的事物，以及城市各個塊面的實質互動和連結，首先要能有觀察的距離，然後也要有自己可調整速度的步伐。我發現騎腳踏車提供了適合觀望街道的距離和彈性，讓我可作較宏觀的觀察，繼而稍從自己的生活圈中抽離，檢討和思考自我與他者的定位與定向。也許這是為什麼，我在能騎腳踏車的城市，方向感特別好，而且城市的環境對我也份外深刻。我因而找到了一種屬於自己、可流動的漫遊方法。

多元拼湊的民間滋味

心橋

好幾年前，在我開始常去臺北的日子，有一次，一位香港的室友決定隨行，到達臺北後問我有什麼好吃的可以介紹。我想了想，由衷地提議去附近的義式輕食餐廳和咖啡店，卻換來她以練習過的臺腔普通話跟我說：「你好洋派耶！」我才發現，自己在臺北吃外國料理確實吃得挺頻密，但沒想過那是「洋派」的表現。畢竟，當時不少在臺北念書和寫作的朋友，去的地方好像都是這種。最後，我帶這位香港室友去吃滷肉飯。

我的飲食口味確實較偏向西方。倘若沒有那次香港室友的提醒，我可能不會意識到，自己輕鬆地適應了臺北生活，原來是因為這裡有眾多早餐店、輕食店、咖啡店可供選擇。臺灣早餐的蛋餅，其實有點像西式的奄列（歐姆蛋）；鮮奶茶的概念，就如英式紅茶，只要茶和鮮奶的品質好，並且在對的溫度混起來，便非常容易接受。這裡的義大利麵和輕食如鹹派、義式薄餅，還有咖啡等等，價錢一般都比香港便宜，而食物和餐廳環境的質素都比較高。始終，香港的租金很貴，店鋪空間都比較小。一般中價位以下的餐廳質素相比起來，臺北似乎較為優勝。我這才明白，原來自己在臺北生活的切入點，大概不算很中華。或許，我只是個在全球化環境下生活的 city girl，從一個大城市來，愛上了另一個大城市。

五花八門什錦麵

我雖然不怎麼吃米飯，倒是很喜歡吃麵，而那就成為了我探索中華料理的切入點。漸漸地，我發現單是「麵」，在中式料理裡已是個萬紫千紅的世界。

還記得起初在臺北點麵時總是重複犯錯，點完才發現來的不是湯麵。有些賣外帶的小攤檔，菜單只寫著「雲吞麵」，沒特別指明有沒有湯，而我沒想過那等如乾麵，即像港式撈麵那樣的東西。雖然臺灣有些地方賣乾麵會另附一碗湯，但一般不會把麵沾湯吃，而是另外飲用的。由於在香港的文化，「麵」沒特別寫明的話，通常都指湯麵，所以我在臺灣待了一陣子才懂得在點麵時，要先看清楚菜單上有沒有寫明湯麵與乾麵之分，要懂得問清楚。可是，有些麵在臺灣卻又無庸置疑是湯麵，例如馳名的牛肉麵，有點教人摸不著頭腦。

學習了一點基本的點麵需知後，下一步就是探索不同的麵類。臺灣的麵類非常多，有些在香港罕見，例如米篩目、鍋燒意麵。但反過來看，香港也有些麵是臺灣少有，例如薯粉（像冬粉，是透明的馬鈴薯麵）和瀨粉。一次在臺北跟幾位友人去吃滷味，我發現臺灣的滷味其實跟香港的「車仔麵」很像，只是香港車仔麵除了可以任選配料外，亦有不同的湯款可以選擇，而臺灣的滷味只用滷汁。座上有朋友問我，「車仔麵是什麼？」我突然想到用周星馳的電影來解話：「你知道電影《食神》裡，莫文蔚跟周星馳初相遇時，賣的那碗麵就是車仔麵嗎？」這樣一說，大家就似乎有點印象了。不過，那個年代不少港產片進口臺灣時都會加上國語配音，換成臺灣版播放。那麼，「車仔麵」在臺灣版電影翻譯成什麼呢？

原來香港版的《食神》並沒有叫那碗麵做「車仔麵」，而是用了以前更道地的名稱：啍喳麵。在電影開頭，周星馳飾演的史提芬周在街上惠顧由莫文蔚飾演的小販火雞。史提芬周當時點的就是「啍喳麵」。「啍喳」在廣東話是骯髒的意思，臺灣版譯作「雜碎麵」。不知道「雜碎」在臺灣有沒有與骯髒相近的意味？不然，這個譯法算是偏離了原名的神髓。有臺灣朋友告訴我，臺語會講「雜菜麵（tsap-tshài-mī）」，即是大雜燴、什麼都加進麵裡的意思。那麼「雜菜」算是能傳達車仔麵的形式，卻就是欠了「骯髒」的神髓。

沒錯，車仔麵本來就有隨便加配料的意思，最原始的車仔麵在街上煮食和做生意，衛生方面不太嚴謹。難怪在電影裡，當史提芬周指控豬大腸裡有屎的時候，火雞卻氣定神閒地回應：「話明係啍喳麵，有兩嚿屎有幾咁奇呀？（都說了是嗱喳麵，裡面有兩條屎哪裡好奇怪？）」為什麼香港的車仔麵，原先是骯髒的呢？

車仔麵與滷味

車仔麵最初出現於香港一九五〇年代。當時中國大陸大批人民逃難到英屬香港，城市經濟低迷，人民普遍生活艱難。於是，漸漸開始有人在街上以手推木頭車來賣小食和粉麵。這些「車仔」有金屬鍋作煮食用，小販會把配料放出來供顧客選擇，待顧客選定後便把配料放進鍋裡煮。早期車仔麵的顧客都是站著吃，以小販提供的碗筷在街上快快吃完就繼續行程。由於小販擺攤前會於後巷準備食物，而整個煮食過程都在路邊或街上，碗筷的清洗過程快捷又粗疏，衛生欠奉，於是這種麵又名「嗱喳麵」。

「嗱喳」當然是負面的，但嗱喳麵象徵著香港人在那段艱難時期打拼的日子。後來，隨著經濟起飛，香港政府開始以衛生為由嚴格杜絕街頭小販，車仔麵這種庶民美食便漸漸被納入大牌檔和店鋪裡，變得更衛生，而大家都可以坐著吃了。可惜，時至今日，由於地租昂貴，加上物價通漲，車仔麵應該已算不上為庶民食品：一碗四餸車仔麵普遍要四十港元以上（而香港的法定最低工資是時薪三十七元五毫）。雖然如此，車仔麵仍廣受市民愛戴，可能因為它算是香港人的集體回憶，是幾代香港人辛勞工作的文化象徵。現在，不少遊客來港也會慕名品嚐。

車仔麵跟滷味的相似之處，在於麵條、配料都可供客人自選配搭。車仔麵的麵條選擇包括河粉、油麵、粗麵、幼麵、米粉、公仔麵（泡麵）等，並有不少令人垂涎三尺的配料，如牛百葉（毛肚）、豬大腸、豬皮、豬紅（豬血）、蘿蔔、魷魚、魚蛋等。而它比臺灣的滷味在湯汁方面多一重彈性，常見的車仔湯汁有咖喱汁、牛腩汁、冬菇汁，現在更有不少店家以自家秘製的辣汁湯底馳名。總括來說，其實「車仔」並無指涉任何特定配料或味道，而是一種煮食的模式。車仔麵店也會賣「車仔小菜」，讓客人自選食物和湯汁。

臺灣的滷味雖然只用滷汁，但因為滷汁很香，所以對我來說，吸引力絕不比車仔麵遜色。滷汁一般由醬油、薑、米酒、冰糖等混合而成，有些還會加中草藥如花椒、八角、小茴香，味道就更香濃。臺灣有很多做滷味的攤販和店家，要找滷味來吃一點都不難。跟車仔麵的原理相若，基本上大多數食物都可滷。常見的滷味有雞腳、豬耳朵、鴨舌、鴨血、豆乾、海帶等等。

飲食風格相似的緣分

但是這樣說起來，我想到香港也有滷味，只是形式跟臺灣不太一樣。我們的滷味，意思是選用滷汁的菜式，但配料沒香港的車仔麵店或臺灣的滷味那麼多，常見的配搭有滷水鵝片和豆腐等，通常屬於潮州菜館的招牌特色。假如你在香港看見餐館裡有專門做滷味的廚房的話，那一般都是潮州食店。相比之下，臺灣的滷味卻似乎沒有特別指明是哪兒來的料理，在大街小巷中，完全融入市民的日常風景。

滷味在臺港的分別成為了我心頭的疑團。直至有一天，我在香港的九龍城到訪一家有名的甜品店，他們以「車仔」形式讓顧客自由選擇甜品配料，例如清心丸綠豆爽、蓮子雪耳圓肉燉百合等等。我看仔細一點，發現他們賣的正是「潮式糖水」[1]！也許，可以任選配料甚至湯汁的方法，本來就是潮州人的飲食風格？那麼剛才提到的與潮州滷味相似的臺灣滷味，是否跟潮州有什麼關係？有關臺灣滷味起源的記載似乎不多，但有指是閩南的煮食風格。可能滷味在臺灣人的起居中很快變得很普遍，便沒有人特別去談它的源起。

跟長輩聊到這件事，他們告訴我，廣東的潮州菜跟福建菜因為地理位置相近而有所相似。那不就解答了我對以上臺港兩地有相似飲食的疑問嗎！臺灣自十九世紀以來，就有不少來自福建漳泉兩地的漢人移民[2]；而香港自五〇年代起，從中國大陸遷徙到來的人當中很多都是潮州人，到了六〇年代，潮州人已占香港人口總數的五分之一[3]。這樣看來，臺港兩地有相似的中華飲食風格，不足為奇。

交會與共融

像滷味和車仔食品這樣的民間滋味，讓吃者自由配搭，一盤或一碗裡由不同的拼塊組成，當中更有多元共融的意味。這令我想起臺港兩地的人口，似乎都有外來、多元、融合的共通點。臺灣以前在族群上會區分「本省人」和「外省人」，但經過幾代以後，兩者在文化上的區分已淡化，或甚至融在一起。現今，大家無論祖籍在哪裡，來自外省、本省還是平埔、高山，是土生土長的還是新住民，都可以視自己為臺灣人。這種走向共融的變遷，在香港也有相似的情況。來自五湖四海的人遷徙到來並成家立室，過了好幾十年後，已造就出不少對香港有本土身分認同的人。在某種意義上，臺港兩地都是移民社會，只是相比起自清朝以來就有大量漢人移民的臺灣，香港正式開埠只是一百七十多年前的事，較為「年青」而已。

話說回來，就像在文首的故事裡，我們傾向留意西方飲食如何在全球化的過程中流行於中華都市，但中華菜式又何嘗不是因民族的遷徙而流到不同地方，甚至以獨特的形式融入了當地社群？臺式的手搖茶或許就是例子。現今珍珠奶茶、手搖茶傳到世界各地，在其他地方也發展出別的名字和在地特色來。我想，在流動性普及化的現代，群體必定會變得更豐富多元。這些民間滋味的混合配搭，自然在面在裡也會有更多引人入勝的故事。

車仔食品和滷味這種價廉又美味的飲食智慧，在兩地歷經時間的洗禮依然流行，更以獨特的故事和存在方式，成為本土特色。在飲食文化的層面，臺港兩地比想像中還近。

1 順帶一提，香港九龍城早期是潮州人逃難到香港的聚居之地，曾有不少潮州菜館和商鋪雲集，現在數量開始式微，取而代之的是泰國文化，變了「小泰國」。另外，潮式糖水聽來是否跟在臺灣芋圓店吃到的東西有點相似？我在臺南吃過相似的東西，有紅豆、綠豆、百合、蓮子等材料選擇，並可以配冰或甜湯來吃。這種賣甜品的方式在臺語叫「圓仔冰（în-á-ping）」。而食品似乎會隨配搭而生出多種名字，例如「八寶冰」就集合了許多以上提到的配料於一碗裡，配料更可超過八種。臺南有不少老冰店，令人回味無窮。

2 蕭阿勤：《重構臺灣：當代民族主義的文化政治》，臺北：聯經，二〇一二年，頁三五。

3 林子豐：〈潮人與教育〉，載於《香港潮州商會成立四十週年暨潮商學校新校舍落成紀念》，香港：香港潮州商會，一九六一年，頁四十四。

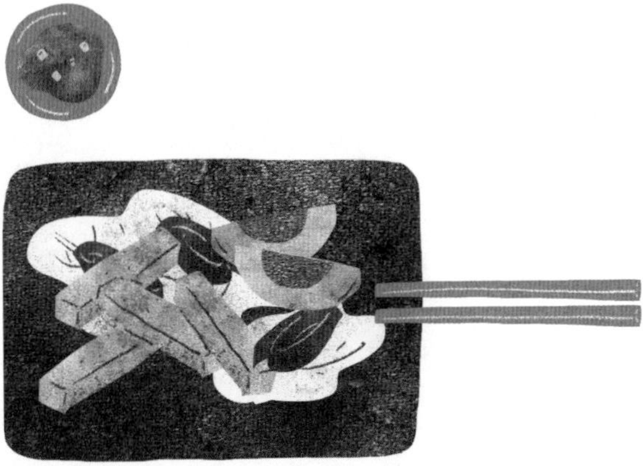

姐姐

亦修

xīn zhù mín
新住民
siu2 sou3 zuk6 jeoi6
少數族裔
新移民
sin-î-bîn

我的家庭結構很簡單，我、媽媽與爸爸，三個人。這是我現在的家庭成員。不過我從不忘記，在上大學前，家裡一直都是四個人，我、媽媽、爸爸，與姐姐。姐姐來自泰國，是我在中學時期家裡請來的家庭外籍傭工。姐姐的名字很好記，但因為她都用廣東話跟我們交流，我好像也沒過問她的泰國名字。姐姐在我們家工作應該有四五年吧，時間長短我實在記不起來。姐姐很早就起床，準備早餐，打掃一下，動作很快，做完事務大概還沒中午。姐姐喜歡看書，也喜歡寫信給家人，她的房間就在我房間對面，有時候我在自己房間覺得無聊，就會跑到她那邊去看書。姐姐是一名天主教徒，週日放假時都會去教堂。中學開始我獨自一人去上學，不像小學時要姐姐來接送，有時候回到家姐姐會買下午茶來給我吃。姐姐煮的菜十分好吃，我最喜歡吃她煎的雞翼，一吃可以吃個四、五隻。放學回家時，她通常都在看電視，下午三點多四點大概在播一些舊劇集以及兒童節目，雖然我不清楚她是喜歡看，還是打開電視就只有這些，沒有選擇，但我也是一樣，放學就一屁股坐在沙發上看電視，也不知道自己在看什麼。她在家裡不喜歡開冷氣，只開電風扇，因為覺得浪費電。那時候我們家住在上環，她都會去上環文娛中心的街市買菜，有次放學碰到她，看她拿著一袋一袋的餸菜（食物材料）實在辛苦。我外婆也住在上環，有時候會來我們家吃飯，她也說姐姐煮的菜很好吃，但也沒說怎樣好吃。姐姐每年都會放假回泰國，有次她帶了一些我沒有看過的水果給我們家吃，形狀像超大型的毛豆，顏色是棕色的，長大後才得知它叫羅望子或是酸豆，是東南亞很有名也很常見的水果。爸爸一打開，看到裡面果實有很多小蟲子在蠕動，立刻嚇到，但姐姐說是正常。我們相信她，但還是沒吃，結果都是她自己在吃。姐姐很少在家煮泰國菜，但會在廚房裡藏著一些泰式香料，有次媽媽試了一下，十分喜歡，後來姐姐煮了幾次綠咖喱，很辣。我對姐姐看的泰文書很好奇，她都是向其他泰國移工打聽哪裡可以買到書。姐姐寫的泰文書信我完全看不懂，有次我問她可不可以借來看一下，她竟然說可以，後來想想，好吧，看了我也是不懂她寫什麼。中學時候參加學校的管弦樂團，好幾次早上沒睡醒就急步出門，小提琴都沒帶，回到學校驚覺怎麼少了一個物件在手，躲到廁所裡打電話回家向姐姐求救，發生了好幾次。

這些說起來零散瑣碎的日常生活片段，是我回憶中與姐姐最接近的距離，沒什麼深度，但我卻從不會忘記。在我上大學前家裡要搬家，房子變小了，媽媽覺得家務可以自己處理，就在姐姐的合約滿期時跟她說不會再續約了，也請中介公司幫她找下一戶家庭工作，但姐姐最後選擇回去泰國。她離開的那一天，我送了一個小小的鑰匙圈給她，然後回到房間裡哭得不能自已，大概知道以後不會再相見了。而且我知道我們不會是她的家人，她的家人正在家鄉等著她。

出入家戶的「姐姐」們

姐姐，是小時候爸媽告訴我的稱謂，或許是一種較親切的稱呼吧。比起叫家庭外籍傭工為「工人」、「菲傭」、「印傭」，姐姐或許是比較禮貌的，不知道有多少家庭有這樣的習慣。不過有些人會叫「工人姐姐」、「菲傭姐姐」或「印傭姐姐」等，這些名詞在香港常常可以聽到。小時候叫姐姐好像不會怎麼樣，但中學甚至都快上大學，似乎稱呼姐姐的名字比較好。

從我有記憶以來，家裡都會有一位姐姐。小時候住在西環，都是一位菲律賓姐姐在照顧我，後來搬到上環，則來了一位印尼的姐姐，她工作一年多便想家。我看到她哭著跟爸媽訴說仍未理解到在外生活、想念家鄉家人的感覺，到自己親身離開溫室、去到另外一個社會過生活時才體會到，當時自己怎麼沒有理解印尼姐姐的悲傷。我的童年一直都有姐姐的陪伴，她們是我在家最常聊天與互動的人。父母都要上班，留在家裡的小孩都是姐姐照顧的，在香港，至少在我的年代，這是十分常見的現象。社會慢慢地改變，這種人與人之間的互動關係也漸漸在變化。

尚未完全受接納的人群

身處華人社會，總會不自覺地活在一種華人中心主義的狀態中，講到社會結構與組成都只會聯想到華人。事實上我們對地區的人口構成與地區的「民族」意識有強烈的關聯。香港自開埠以來，就擁有十分多元的人口，除了有來港工作的家庭傭工，亦有十分多來自東南亞、南亞、東亞等國家的人口。在香港一般被稱作「少數族裔」。另外一個滿值得思考的名稱「新移民」（san1 ji4 man4），大多專指從中國來港定居的人。在港定居的還有很多來自其他國家的人，大多會說居港人士，如居港日人、居港英國人等，當然他們是移民來港生活沒錯，只是少用「移民」這詞作統稱。對於誰是「民」，不論是國民或市民，香港似乎保有某種華人中心的考量。在香港的少數族裔其實人口也不少，因他

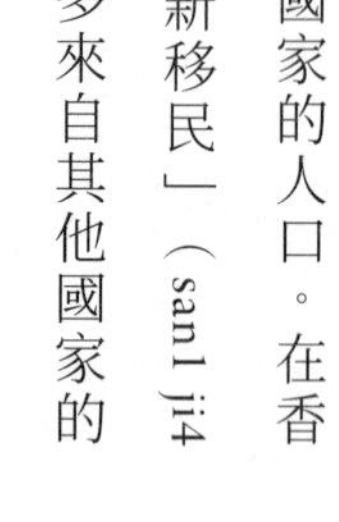

們身分而被稱作少數，這是一種概念性的不平等。近年來不管是香港的少數族裔權力，或是正視並消除歧視的活動與力量，兩者都越見明顯，例如二〇一四年一宗印尼女性移工被虐事件就得到本地與國際的關注。政治上、文化上與社會上都有著改變，但仍有十分多的爭議與根本問題尚未解決。

臺灣對於來臺定居與工作的人有不同的名稱，「新住民」為較官方的統稱，指在九〇年代後於臺灣取得國民身分的外籍人口；而「移民／工」則較常指從別國到臺灣工作與生活的人，尤以東南亞來臺移民工占最大比例。他們並不一定擁有中華民國國民身分，但在這片土地上有著不可忽略的貢獻。香港與臺灣對於外籍勞工的需求都十分大，與香港稍有不一樣的地方，在於印尼人占了臺灣移民工的大多數。臺灣對移民／工的態度比香港來得包容，尤其是對東南亞移民工的支持，不僅成立了大大小小的機構與組織，支持他們的社會地位以及彼此的聯絡，不同的族群也慢慢形成小社區，把自身國家的文化活動相繼帶到臺灣，例如泰國與緬甸的潑水節、穆斯林的齋戒活動等等，把移民／工的日常生活帶進臺灣，與華人以及其他族群的文化共同發展。雖然如此，歧視的問題仍然未得到解決，身分與地位仍然未被重視，仍有人帶著「每個出現在身邊的家庭看護都叫瑪莉亞」的心態，政府、大眾與媒體看待移民／工的眼光尚值得更多關注。

跨出一步，從接觸開始

我來到臺灣的第三年，與幾個朋友合租了一間在大安區的公寓房子，認識了房東，以及在她家工作的印尼姐姐。我常常在倒垃圾的時候與她相見，她也會跟其他房子出來倒垃圾的姐姐們聊天。她來自印尼峇里島，剛好我在研究所期間接觸到峇里島的甘美朗音樂，也開始學習印尼語，在倒垃圾時常常跟她簡單地問候幾句。有一次我正修習的印尼語課程希望我們能跟不同的移民／工對話，練習語言，於是我便問印尼姐姐可不可以跟我對話一小段，她竟然爽快地答應，我跟房東說明一下，我們就約在倒垃圾後的十分鐘，坐在我們家樓下的義美小店裡，聊了一些有關她的家鄉峇里島的事情，講到她們村子裡面的宗教以及音樂文化，還有峇里島著名的一些景點。我們對東南亞和來自東南亞的朋友，真的了解不多，且往往這些朋友都是每天出現在我們身邊的人。峇里島這樣的著名度假勝地，在外人眼中只是一個充滿華麗飯店、酒吧、會所的海邊地區，但島上的豐富藝術文化以及在地人的生活，遊客是不會去想像的，像我也不會想到其實在我家旁邊的房子裡就住了一位峇里島的移工，我們與東南亞的距離不用搭飛機就可以到達。當然，在香港與臺灣，仍有僱主會把來自東南亞或南亞的勞工，當作是次一等的員工來看待，包括看不起他們的文化、工作、地位、性別權益等，家庭看護仍有許多不可告人的歧視事件。在討論人與人之間的相處時，我從不把我自己排除在外，我也曾經（甚至現在仍有）不一視同仁地看待別人，這是需要承認的事實。重要的是，我們要跳脫社會灌輸給我們關於人群的刻板印象，不要認為姐姐為小孩做的事情都是應當的，也不能以為移工們來到外地只會賺錢就好，生活並不重要，不然我們只會成為製造未來不平等關係的帶頭者。我們必須去聆聽他們的聲音，也必須重視與支持他們的生活。

近年來臺灣政府針對東南亞新住民以及與東南亞國家的外交，提出了好幾項相關的文化政策，包括推動南向藝術交流與發展，以及學習在地新住民語言。臺灣與東南亞確實在很早就有接觸。我來到臺灣後也有了好幾項與東南亞相關的學習機會。我來到臺灣第二年，因為生活實在變成循環式的上下課，覺得在課外可以學點什麼，心血來潮就跑去報讀了一個泰文班。當時班上的同學大概有二十個，有很多不同的工作背景，也各自背負著不同原因來學習泰文，跟我完全是隨機選一個語言學習相差甚大。有的同學是公司職員，即將要調到泰國工作便來學一下，後來學習不到半年就要離開去工作，只學了半年，語言能力尚屬十分初階，實在是派不上什麼用場。有的是女生嫁給了泰國人，學習泰文是想跟隨伴侶移民；有的則是很喜歡泰國文化，喜歡去泰國旅遊，但有了好幾次因為語言不通而遇到困難甚至被騙，把心一橫來學習基本泰文應付觀光文化。在臺灣學習東南亞語言，除了一些普遍性的需求外，更大的意義在於對於世界觀的聯想，不僅是從商業、觀光等因素去聯想東南亞，而是從在地移民／工、藝術文化層次等去了解東南亞的生態，與他們的政治社會問題產生對話的可能。泰國與臺灣的關係也是在近年來有著巨大的變化，單是一個簽證簡化的需求就影響深遠。我上泰文課上了兩年，因研究所課業繁重而沒有時間持續，但對於泰文的印象是很深刻的。

文化的交會與交心

另一個讓我接觸到東南亞文化的經驗是學習印尼的甘美朗音樂與舞蹈。我從博士班第二年開始，有機會可以學習分別來自峇里島與中爪哇的音樂與舞蹈。甘美朗雖然是全世界傳統音樂愛好者都必定聽過的名字，但實際能碰觸到甘美朗的機會相當稀少，可能連印尼人也未必有機會接觸到傳統文化。甘美朗有一種特別的音樂元素為「交織」，峇厘島稱為 kotekan，意思是在同一個甘美朗樂團中，不同的樂器與聲部，會演奏錯開的節奏，多以不同形式的切分音符錯開，演奏就會交織出一條完整的綿密旋律。除了在聲音上可以達到更快速與更密集的旋律表現外，kotekan 也是峇里島人民的宗教與哲學，在群體生活中人與人的互動、工作與關懷而形成的美德，比起一個人鶴立雞群的表現來得更難得。這樣的宗教與藝術概念伴隨著他們的日常生活，甘美朗音樂也無所不在，像每個峇里島的村子中都有甘美朗團，是大家一起合作並分工所產生的聲音。因著一些機緣巧合，我認識了kotekan，與一起玩甘美朗的團員有了心靈上的互動，亦是甘美朗應用在生活哲學中的例子之一。我們在臺灣這片土地上生活，未必可以有與東南亞文化的交流機會，我們的生活經驗也未必與移民／工們的個人經驗相符，可是文化之多元，必會找到相通之處，何況移民／工就是臺灣的一部分，說不定把印尼傳統文化帶到臺灣，讓移民／工們一起玩樂，都是對kotekan的體驗。

不管是我在香港的生活，還是來到臺灣後接觸到東南亞移民／工的經驗，語言與文化是了解他人的入門磚。我們與來自世界各地的朋友，一定會有語言上的差異。有時候看到姐姐用廣東話或國語跟在香港與臺灣的人們溝通，實在厲害。但反過來思考，我們有沒有想過用他們的語言去了解他們的文化呢？我們可以從他們身上學到多少道理？近年在臺灣的東南亞語課程漸漸崛起，除了為應付去外地工作的需求，我們可否從這些語言學習轉化成關懷社會的知識呢？

從東南亞回頭看，臺灣與香港又何嘗不是值得彼此關注的一對呢？若我們能從語言文化出發，去了解「番石榴」的臺語、「鳳梨」的廣東話；去看看臺灣的多元廁所、反思香港的劏房；更重要的是在最壞的時代相互支持、以我們對土地的珍惜守護彼此，這便是屬於我們的港式漫遊、臺派生活。

作者跋

我的選擇，我的家

二〇一七年的春天，我與心橋開始逐步構思書寫臺灣與香港的文化異同，以語言作為反思日常生活的契機，探討我們倆在兩地生活的大小事。我們很喜歡廣東話所能帶出來的生動描述，也對臺語中將事物命名方式的典雅與優美十分感興趣，因此，我們每次的聊天對話都是有笑有說地討論「這到底在臺語要怎麼說，在廣東話是這樣，是不是很類似！」語言是一種寶貴的訊息，是我們最基本的生命交流，亦是認識世界的媒介。

二〇一九年的秋天，我們在討論成書內容時，邊擔心著香港近半年來發生的社會事件，一方面是面對極權政府的無奈與悲憤，另一方面是漸漸看到日常生活秩序的崩壞，抗爭自由、新聞自由、娛樂自由與言論自由等也一點點被破壞，去吃碗車仔麵也深怕吃到催淚氣體的殘留物、去街上慢跑也會遇到無理的截查、去上個廁所的私隱可能都要被為難，這一切都讓香港人陷入無法抽離的難過之中。不過，香港人民沒有絕望，沒有放棄，在這段時間中所看到的景象，讓人們理解民主自由的重要，而默默在背後支撐著這場運動的，正是我們對於香港文化的期盼與執著，而人們在整個運動中持續使用廣東話，正是實踐香港文化的證明。

二〇一二年的夏天，我獨自來到臺北念研究所，沒想到一念就念到現在，進入第八個年頭。記得當初來的時候，也是帶著一份執著，就是想要來學習臺語。我於臺灣文學研究所中念碩士，大部分的同學都是臺灣學生，還有幾個外籍學生，但我是第一個進入我們系所的香港學生。現在回想起來，或許這也是給我的一種語言練習，在來到臺灣的幾個月中，我幾乎都沒有講廣東話，而且同時也在學校學習一點臺語，雖然說上課講國語對我來說不是什麼大問題，但在剛來到臺灣時確實是一種挑戰。在接觸臺灣的語言之後，會發現語言真的帶給我們很多日常生活的反思，這些細微的小回憶也常常成為這本書中的內容的靈感，大至各種水果的命名，小至在教室中出現的小小板擦，都是我們每天看到卻從來沒有發現其語言奧妙的東西。語言教育不一定從官方的教科書入手，日常生活中的語言便是最好的教材。從學習臺語的過程中，我往往會回過頭來反思自己對母語廣東話的了解，也慢慢重新回到語言的最基本問題：我們在講什麼樣的語言，在發出什麼樣的聲音？

二〇一三年的夏天，我第一次聽到臺灣人在凱道上一起唱〈汝敢有聽著咱兮歌〉，第一次感受到語言在公民運動中的重要。要為自己的土地發聲，唱出多元的聲音是十分重要的。我聽到臺語歌曲的時候，有一份莫名的感動情懷，或許是因為我在臺灣多年來的生活，臺語成為我每天都有機會接觸到的語言，自己也在對日治時期的臺語歌曲作研究，多多少少已經把臺語包括在我們生命中。當然，除了臺語之外，在臺灣亦會聽到客家話、原住民族語以及新住民語言等，這些多元的聲音亦是十分重要的。來到新的地方，不只是接觸新的語言，也接觸到語言背後對生活環境的描述，我們要如何使用語言來與不同背景的人相處交流，要怎麼用語言來紮根自己在這裡的價值，是我來到臺灣後最常問自己的問題。沒想到，這些問題倒是最後回到自己的母語身上。

二〇一四年的秋天，除了在臺灣的學運中再次聽到前述的歌曲外，在香港也聽到粵語版本的〈誰還未發聲〉。一直到今天，廣東話仍然是香港人最引以為傲的聲音文化之一，在過去的幾個月中，抗爭活動中的廣東話，或許是我們重新看見「香港」的證據。「和理非」、「和你飛」、「和你塞」、「和你傾」一系列的生動用語，「以眼還眼」、「200萬+1」、「不撤不散」、「不割蓆」等強大的生命承擔啟示，〈自游〉、〈一個都不能少〉

等多首堅定不屈的自創歌曲，都是從日常生活語言一點一滴積聚而成。廣東話在香港已經在很早以前形成了特殊的用法與性格，是不可被忽視的文化力量。我在臺灣生活多年，也從來沒有丟失過對於廣東話的肯定，正正在臺灣對語言與生活的反思，更讓我覺得語言是連結我對兩地的情懷，是在兩地紮根的基本，亦是對自身發聲的重要渠道。在一個連空氣都不再能自由地使用或享受的時代，我們更不能丟失寶貴的語言智慧，以及對自由生活的追求。

一九九〇年的秋天，我是出生於殖民時期最後階段的世代，對於什麼是英國殖民主義其實沒什麼特別的聯想，但同時間對於「回歸中國」更是覺得莫名其妙。基本上，那時候還是幾歲的我們，從來沒有選擇權，要選擇做什麼國籍的人。而在現在一個多變的時代，我來到了臺灣，來到了另一個背負著時代責任的國家。在這裡快八年的生活，我感受到了臺灣溫柔的力量，也重新反思自己對香港的深愛。我有了選擇權，選擇了這兩個家。

亦修

二〇一九年十一月一日　寫於臺北

IN 27
港式臺派：異地家鄉的生活文化漫遊

作者　吳心橋、劉亦修
圖片繪製　Nic 徐世賢
美術設計　賴佳韋工作室
責任編輯　楊琇茹
行銷企畫　陳詩韻
總編輯　賴淑玲
社長　郭重興
發行人兼出版總監　曾大福
出版者　大家出版
發行　遠足文化事業股份有限公司
地址　231 新北市新店區民權路 108-2 號九樓
電話　(02)2218-1417
傳真　(02)8667-1065
劃撥帳號　19504465
戶名　遠足文化事業有限公司
法律顧問　華洋法律事務所　蘇文生律師

ISBN 978-957-9542-85-2
初版一刷・二〇一九年十二月
定價三五〇元

國家圖書館出版品預行編目 (CIP) 資料

港式臺派：異地家鄉的生活文化漫遊 / 吳心橋，劉亦修作．--
初版．-- 新北市：大家出版：遠足文化發行，2019.12
面；　公分．-- (In ; 27)
ISBN 978-957-9542-85-2（平裝）

1. 文化 2. 比較研究 3. 臺灣 4. 香港特別行政區
541.28　　108018898